JN074220

M&Aを
失敗させない

企業買収先「選定」の実務

Corporate Acquisitions "Selection" Practices

M＆A戦略コンサルタント

田中大貴

著

中央経済社

は じ め に

　私の仕事は，M&Aコンサルタントだ。実体験として，M&Aで痛い思いや悔しい思いを経験したことがあるため，M&Aコンサルティングがライフワークだと思っている。そのように人に紹介すると，「良い案件を紹介できるよう，M&Aの仲介をやっているのですか？」とよく間違えられる。いや，あくまで"コンサルタント"なので，M&Aの仲介はやっていない。正確に言えば，やってはいけないとさえ思っている。企業の"コンサルタント"とは，企業のお困りごと，お悩みごとを解決する仕事である。よって，「M&Aコンサルタント」は，M&Aにまつわる企業の問題を解決する仕事ということになる。M&Aを仲介して，報酬をいただく仕事とは違う。ただ，説明が厄介だ。仲介とM&Aコンサルタントの違いならまだしも，M&AアドバイザリーとM&Aコンサルタントの違いまで説明するのは骨が折れる。アドバイザリーは，M&Aが成約した際に成功報酬をもらうが，コンサルタントには，原則，成功報酬はない。その違いによって，同じハードワーカーでも，働く動機が異なるのだが……。

　こうした違いの説明を都度することに疲れてしまった結果，最近は自分の仕事を「M&A戦略コンサルタント」と呼ぶようになった。不思議なもので，"戦略"の2文字が入ることで，M&Aの仲介をしていると勘違いされることも少なくなった。「戦略」と「仲介」は，イメージが馴染まないのだろう。一方，M&A戦略コンサルタントと自称することで，別の問題も出てきた。「M&Aの戦略をコンサルするんですよね？」というものだ。"M&Aの戦術"ならばわかるが，"M&Aの戦略"と言われると，違和感がある。M&Aと戦略の関係性について，講説したい欲求に駆られてしまう。私の仕事を正しく表現するならば，「M&Aという戦略ツールの扱いを得意とした，戦略立案を専門としたコンサルタント」である。

　"M&Aは戦略の手法にすぎない"。これまでに，あらゆる場面で口を酸っぱくして繰り返し言ってきたフレーズだ。今でこそ，「そうですよね」という反応も増えてきたが，殊にM&Aの成否に関する議論では，未だに，デューデリジェンスで深くまで見きれなかったとか，高値で買ってしまったとか，ディールに関する議題，企業文化が合わないとか，思っていたほどシナジーが出なかったというPMI（Post Merger Integration：買収後の経営統合）に関する議題が多い。もちろん，ディールやPMIのプロセスに，うまくいかなかった要因もあるかもしれないが，そもそも，なぜその会社を買おうとしたのかという戦略に係るプロセスの議論がないがしろにされがちだ。たしかに，買収してしまった過去の案件に対して，つべこべ言っても仕方ないので，今からできることをしよう，という発想は健全だ。私がかねてより提唱している「セカンドPMI」の思想も同じである。しかし，M&A成否を検証するならば，まずはM&Aプロセスの最上流である戦略を疑うべきだろう。

　自社の経営戦略に照らして，そのM&Aは妥当だったのか。M&Aが本当に必要だったのか。必要だったとして，対象はその企業でよかったのか。他に選択肢はなかったのか等。いくらでも考察することはある。このM&Aプロセスの最上流部分の妥当性の検証をしない限り，次のM&Aはすべきではない。買ってしまってから悔やんでも仕方ないが，反省すれば，次のM&Aに活かせるものが得られる。あえて極論すれば，M&Aは経営戦略との適合性が最も重要であり，それと比べれば，ディールやPMIは二の次である。言い換えれば，M&Aの成否は，M&Aの目的が最も重要であり，加えて，買収企業の選定にかかっていると言っても過言ではない。M&Aの成功とは，M&Aの目的を達成することに尽きるが，目的と合致した対象企業だったとしても，目的達成がしやすいかどうかは別である。つまり，M&Aの成功には，目的が明確であることを前提として，M&A難易度を決める「対象企業の選定行為」も，同等に重要なのだ。

　では，M&A実務において，対象企業の選定がどのように行われているかというと，各社でバラバラだ。仲介会社や銀行から，売り案件情報が持ち込まれ，その中から，自社とシナジーが出そうなフィット感のある対象を選定している企業もあれば，自社内で何らかの条件を基にロングリストを作成し，そこから絞り込んで，対象企業を選定して，当該企業にアプローチをかけている企業もある。私は，前者を「持ち込まれ型プロセス」，後者を「口説き型プロセス」と呼んでいる。どちらが良い悪いではなく，対象企業選定方法の違いだ。また，対象企業の規模や業種によっても，どちらのプロセスが多いか少ないかは変わってくる。**本書の結論を言ってしまえば，どちらか片方ではなく，両方使いこなせるようになるのが理想だろう。**

　本書は，M&A戦略，特に対象企業の選定プロセスに関して，この「持ち込まれ型プロセス」と「口説き型プロセス」，双方の解説を試みたものである。私がこれまでにM&A戦略コンサルタントとして蓄積してきた知見をできる限り盛り込んだつもりだ。

　第1章では，M&A実務に初めて関わる方が読んでくださることも想定して，M&Aの位置づけについて記載した。そもそも，**M&Aの必要性やM&Aの基本を再確認するのに役立つだろう。**3C分析を活用した，経営課題の特定方法についても，詳細を書き記した。特に，M&Aにまだ馴染みの薄い方が「手段としてのM&A」を理解するうえで，役立つだろう。

　第2章では，M&Aを，M&A戦略，ディール，PMIと3工程に分けて，**各工程の連関性について解説した。**一般的には，各工程で担当者が異なる場合が多いので，自分の担当以外の領域はわからないという人もいるかもしれないが，本章を読めば，各工程のつながりが見えてくるだろう。自分の関わる工程とその前後を有機的に捉えることで，自分の担当領域の仕事の質は上がっていく。

　第3章は，対象企業選定が重要であることの根拠となる，"M&A難易度"を，定量データに基づいて示した。こちらは，過去，早稲田大学大学院経営管理研究科の山田英夫教授と実施した共同研究の内容が土台となっている。同業種M&Aや異業種M&A，クロスボーダー案件について，のれんの減損の発生確率を算定して比較している。

　そして，第4章では，M&A難易度を決める要素について紐解いた。これまで，あらゆるクライアントから，過去のM&A案件のレビューを依頼されてきた。そこで得られた知見のうち，多くの企業でも当てはまりそうな汎用的なものを紹介している。「M&A難易度」に着眼点を置いた点で，他書にはない内容となっている。

　第5章から第7章は，持ち込まれ型と口説き型，各プロセスの解説と併用の必要性，そして，そもそものプロセス化の意義について述べた。これもなるべく多くの企業で参考になるように，標準的なプロセスと考え方を整理したつもりだ。M&Aを生業にしている読者がいれば，これらの章を読むだけでも，本業に活かせる示唆が得られるはずだ。

　M&AのディールやPMIに関する書籍は目にしても，M&A戦略における対象企業の選定方法に焦点を当てた書籍は，私が知る限り，現時点で存在していない。世の中のM&Aリテラシーが上がっていくにつれて，M&Aを至極複雑に捉えすぎている節があるように思う。シンプルに考えれば，M&Aは「どのような理由でどの企業を買うか」に尽きる。本書をきっかけに，M&Aの原点回帰につながれば幸いだ。

　私が，M&Aに関して執筆したり，セミナーで話したりするときに，よく言うことがある。「M&Aを成功させるための魔法のようなフレームワークやアプローチがあると思い込まれているかもしれないが，それはない。M&Aは結

婚と同じようなものだ。どうすれば結婚を成功させることができるのか，といったシンプルな観点から考えたほうが本質に近づく」。**本書の場合は，「どうすれば結婚を成功させられるか？」ではなく，「そもそも誰と結婚するべきか？」がテーマだ。**また，「目からうろこが落ちるような手法やアイデアを期待せず，誰でも知っているような普遍的な考え方や理論を拠り所にしたほうがよい」とも常に言っている。本書においても，このポリシーを踏襲し，**奇をてらわず，正攻法による考え方を重視している。**その分，理解はできても，残念ながら，実務ですぐに役立つことは難しいかもしれない。しかし，腰を据えて本書で書かれた内容に取り組むことで，じんわりと確実に効果が出てくるに違いない。その覚悟を持った方に，ぜひ読んでいただきたい。

　2023年8月

田中大貴

目　　次

はじめに　i

第1章　M&Aの正しい位置づけ・1

I　知っておいて損はないM&A ──── 2
1　M&Aは今後も増えていく　2
2　M&Aにいつ巻き込まれるかわからない　6
3　M&Aで専門性が高められる　8

II　M&Aは経営戦略ありきで経営課題ありき ──── 11
1　不変的な「ミッション」と可変的な「ビジョン」　12
2　現状把握なくして経営課題の特定はあり得ない　14
3　意外と知られていない3C分析の本当の使い方　15
4　経営課題と経営戦略とM&A　20

プラスαのM&Aミニレクチャー： M&Aにおけるバリューの重要性 ──── 22

第2章　M&A概論・27

I　M&Aプロセスにおける各フェーズの連関性 ──── 28
1　M&Aプロセスには一連の流れがある　28
2　M&Aプロセスは，インプット・プロセス・アウトプットの繰り返し　33
3　各フェーズの連関性を意識しないと後工程がうまくいかない　34

II　失敗の原因にされがちなPMI ——— 36
1　本当に「PMIフェーズがうまくいかないのは，担当者のせい」なのか？　36
2　M&A戦略フェーズから連関性を意識することがPMIの質を高める　38
3　子会社ガバナンスはいつから検討するか？　40

プラスαのM&Aミニレクチャー：
子会社ガバナンスの基本方針パターン ——— 42

第3章　のれんの減損とM&A難易度・47

I　対象企業の属性とM&Aの性質 ——— 48
1　国内M&Aと海外M&A　48
2　同業種M&Aと異業種M&A　49
3　「異業種」を定義する　50
4　対象企業の属性によってM&A難易度は異なる　52

II　のれんの減損≒M&Aの失敗？ ——— 54
1　「のれんが減損する」とはどういうことか？　54
2　のれんの減損が現在や未来に与えるインパクト　55
3　のれんの減損と，その発生要因　57

III　のれんの減損が生じやすいM&Aの性質 ——— 60
1　国内M&A vs 海外M&Aと同業種M&A vs 異業種M&A　60
2　難易度に影響するのはエリアの違いか業種の違いか？　62
3　「どう買うか？」でも変わるのれんの減損発生確率　64

プラスαのM&Aミニレクチャー：
M&Aは結婚と似ている?! ──── 67

第4章　M&A難易度を決める要素・71

I　ディールに起因する難しさ ──── 72
1　入札案件で時間に余裕がない場合　72
2　マイノリティ出資から段階取得する場合　73
3　大手企業からカーブアウトされた事業を買収する場合　74

II　進出エリアに起因する難しさ ──── 77
1　これまでに未進出の地域の場合　77
2　これまでに未参入の事業領域の場合　78
3　対象企業がカントリーリスクの高いエリアにある場合　79

III　対象企業属性に起因する難しさ ──── 82
1　対象企業が，過去M&Aで規模拡大してきた企業である場合　82
2　対象企業が，親会社が未上場，あるいは，ファンド傘下になったことがない場合　83
3　対象企業が複数国で展開しており，現地法人が各国にある場合　84

IV　難易度の低いM&Aとめぐり逢う ──── 87
1　M&A戦略において検討する「実現性」との違い　87
2　同じ目的を達成できるならば，難易度が低いM&A案件を選ぶ　88
3　様々なタイプのM&A案件にめぐり逢うためには？　89

プラスαのM&Aミニレクチャー：
自社独自の「傾向と対策」——— 92

第5章　選定プロセス―持ち込まれ型・95

Ⅰ　持ち込まれ型プロセスの全体像 ——— 96
1　「持ち込まれ案件には期待できない」は本当か？　96
2　事前に企業要件を設定しておく　98
3　持ち込まれ案件を見極めるための4つの観点　99
4　企業要件はどのレベルまで伝えるのが無難か？　101

Ⅱ　単体の魅力 ——— 103
1　「単体の魅力」の評価にはストックとフローを意識する　103
2　財務基盤の評価　104
3　収益獲得力の評価　104
4　「単体の魅力」は，必須の観点ではない　106

Ⅲ　戦略適合性 ——— 108
1　既存事業の強化につながりそうか？　108
2　既存事業とのシナジーが創出できそうか？　109
3　事業ポートフォリオは堅牢化しそうか？　110

Ⅳ　経済合理性 ——— 113
1　そもそもバリュエーションとは？　113
2　感度分析がモデルを組む醍醐味　114
3　条件交渉の内容を数字で考える　116
4　要望をとおすためには相手を見る　117

Ⅴ　買収必然性 ——— 119

　1　買収ではなく，自力のほうが良い場合　119

　2　他の投資オプションのほうが魅力的な場合　120

　3　時間的な制約は言い訳にならない　121

プラスαのM&Aミニレクチャー：
計画策定後３つの鉄則 ——— 124

第6章　選定プロセス—口説き型・129

Ⅰ　口説き型プロセスの全体像 ——— 130

　1　戦略の方向性決め　130

　2　対象企業に求める要件定義　131

　3　ロングリスト作成　132

　4　ショートリスト・コンタクトリスト作成　133

Ⅱ　戦略の方向性を決める ——— 135

　1　新規ドメインを見出す　135

　2　ドメインを３Cの観点で評価する　136

　3　事業イメージに対する３C分析　138

Ⅲ　買収目的と買収スタンスで要件を設定する ——— 140

　1　対象企業に求める要件とは？　140

　2　買収目的から要件を考える　141

　3　買収スタンスから要件を考える　142

Ⅳ　ロングリストを作成する ——— 145

　1　対象企業に求める要件はわかりやすく言い換える　145

　2　リストづくりで完璧主義はNG　146

3　リストのアップデートを仕組み化する　147

4　リストづくりで他力を使うのも一案　148

V　ショートリスト・コンタクトリストに絞り込む
―――― 150

1　ロングリスト・ショートリスト・コンタクトリスト　150

2　件数のボリューム感目安　151

3　やはり完璧主義はNG　153

プラスαのM&Aミニレクチャー：
そして，買収提案へ ―――― 155

第7章　選定プロセスの必要性・159

I　持ち込まれ型プロセスと仕掛け型プロセスの併用
―――― 160

1　成功確率と成約確率で，一長一短　160

2　どちらの選定プロセスを先に構築するか？　161

3　口説き型プロセスを再現性高く回すには？　162

II　選定プロセスの意義―説明責任 ―――― 165

1　企業をとりまくステークホルダー　165

2　説明責任を果たす　166

3　M&Aガバナンスへ　167

III　選定プロセスの意義―組織知 ―――― 170

1　M&A知見をためる場所として　170

2　人知から組織知へ　171

3　プロセス化の価値　172

あとがき　175
索　引　181

第 **1** 章

M&Aの正しい位置づけ

知っておいて損はないM&A

　M&Aなんて自分には関係ない話だ，と思っている人も多いかもしれないが，本当にそうだろうか。私は，ビジネスパーソンならば，誰しもがM&Aを知っておくべきだと考えている。その理由は3つある。第1に，M&Aは今後ますます増えていくこと，第2に，M&Aが増えていくにつれて，いつ誰が巻き込まれるかわからないこと，そして，第3の理由は，M&Aは自身の専門性を高めるための良き材料になり得ることだ。

1　M&Aは今後も増えていく

　まず第1の理由として，**M&A件数は，今後間違いなく増えていく**。レコフM&Aデータベースによれば，2022年の日本企業が当事者となるM&A件数は4,304件だった。M&A件数が1,000件を超えたのが1999年。つまり，20年間で4倍超になったことになる。不景気時には案件が成約しにくいため，景気の波によって件数は上下するものの，中長期的に見れば，M&A件数は伸びている。そして，今後もその傾向が続くと考えられる。

　日本企業が当事者となるM&A件数が増加する背景には，何があるのか。M&Aを実施する理由は，企業によってそれぞれ異なる。後継者不足による事業承継の増加という理由もあるだろう。しかし，根本を**突き詰めていくと，国内人口減少・少子高齢化にあると考えている**。

　人の数が減れば，市場規模は小さくなる。シニアが増えても，若者が減る日本では，市場縮小に拍車がかかる。

　このことは，食品業界を例に取ればわかりやすい。食品業界の市場規模を，単価×数量で考えた場合，単価が一定であれば，数量が市場規模に影響を与える。ここでいう数量とは，廃棄ロスを度外視すれば，人が食べる量のことだ。

【図表1－Ⅰ－1】M&A件数の推移（増加のイメージ）

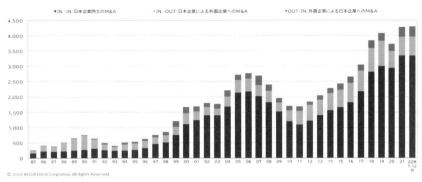

（出典）株式会社レコフデータ

　人の数が減れば，それに比例して胃袋の数は減る。しかも，若者が減りシニアが増えれば，1人当たりの胃袋のサイズも小さくなる。人が食べる量は明らかに減っているのだ。つまり，単価が一定であれば，国内人口減少・少子高齢化によって，国内の市場規模は落ちていく。

　この現象は，食品業界に限らず，関連業界にも波及的に影響を与える。卸や小売，工場の産業機器メーカー等。こうして，国内人口減少・少子高齢化によって，黙っていれば，国内市場は事業縮小を余儀なくされる。

　では，国内人口減少・少子高齢化を避けられるかというと，経済政策といったマクロの視点では手立てもあるかもしれないが，企業活動というミクロの視点では不可避である。それでは，**企業はどのようにこの難題に取り組むべきか。解決の糸口は，「高付加価値化」，「コストカット」，「新たなパイの獲得」の3つにあると私は考えている。**

　1つ目の高付加価値化は，数量が伸びなければ，単価を上げるという考えだ。単価が上がれば，数量が減った分をカバーできる。ただし，単価をただ釣り上げても売上が伸びるわけではなく，企業は，「プラスアルファ」を提供する必要がある。これまでより高価な商品やサービスを購入してもらうには，既存商品やサービスよりも，付加価値がついていなければならない。あるいは，新規事業として，これまでカバーできていなかったニーズに訴求する商品やサービ

スを提供できれば，高く売れるかもしれない。**モノが売れなくなる時代において
は，今までに増して，「付加価値の付け方」が，企業にとっての重要課題と
なる。**

　2つ目のコストカットは，売上が縮小していくならば，コストを下げるとい
う考えだ。もちろん，コスト削減努力は，それぞれの会社で継続してきただろ
う。「光熱費カット，業務効率化，仕入先との価格交渉，仕様の見直し……そ
して，人件費カットまでしてきた。これ以上何を削ればいいのだ」という声も
聞こえてきそうだ。実際，多くの日本企業が，こうした類のコスト削減はやり
尽くしてしまったと感じているのではないだろうか。

　ここでいう**「コストカット」とは，減らしたり削ったりといった内容ではな
く，もっと構造的な削減を指す。**言い換えれば，再編である。企業がコスト削
減を目的に構造的な見直しをする場合，例えば，分散している工場や営業所な
どがターゲットになる。全国に10あった工場を7つに減らす，同じエリア内に
ある5つの営業所を1つの営業所に集約するなど，複数の拠点を統廃合するこ
とで，人件費や賃料等の固定費を削除し，大幅なコストカットが期待できる。

　構造的なコストカットは，減らす・削るのそれよりも規模が大きく，これま
で聖域として手を付けてこなかった企業も多いだろう。しかし，現状を踏まえ
ると，こうしたドラスティックなコスト削減に手を付けていかねば生きていけ
ないところまできているともいえる。

　3つ目の新たなパイの獲得は，国内市場が縮小していくならば，国外市場を
目指すというもの。一言で言ってしまえば，海外進出だ。これまで国内で売れ
ていたものを，海外向けにカスタマイズして売る。新たな商品やサービスを検
討してもよいが，海外でも通用するキラー商品やキラーサービスを，進出先向
けにローカライズして新市場に浸透させていく。**海外に目を転じると，市場が
拡大しているエリアもある。**そういった成長エリアにおいて事業展開すること
ができるならば，さらなる事業成長が可能となる。

　これら3つの解決の糸口は，今後日本企業が生き残っていくために，避けて
通れない道である。表現こそ違えども，「高付加価値化」，「コストカット」，

「新たなパイの獲得」，これら3つのどれか，あるいは複数が，各社の中長期的な経営課題に設定されているはずだ。逆に，課題提起されていない会社があるとすれば，それは事業継続性に疑義があると言ってもよいだろう。

　そして，これらの経営課題を解く時，M&Aは有効な手段となり得る。なぜなら，これらの経営課題は，社内だけでは完結できない，もしくは，社内で解決しようと手を尽くしても，完結するのに時間がかかりすぎてしまうからだ。

　例えば，付加価値の高いフードバリューチェーンの構築を目指して，「高付加価値化」を実践しようとする場合，質の高い食品や食材を確保するだけでは足りない。高付加価値化には，素材を加工する技術や，鮮度を保ちながら運ぶための流通技術，さらには新規市場の参入ルートの確保，市場におけるエンドユーザーの囲い込みを実践する代理店などが必要となる。

　技術開発や市場参入ルートの確保など，企業が必要な分野で十分な実力を備えているのであれば問題ない。しかし，技術開発の研究が不十分であれば，研究所を建設し，必要な設備を揃え，優秀な人材を確保する必要がある。しかし，これでは課題解決までに時間がかかりすぎてしまう。そこで目がいくのが，他社リソースである。ここで，他社リソースを活用するためのM&Aという手段が，検討の俎上に上がるのは必然だ。もし，技術開発の研究に強い企業を買収すれば，（理論上は）一瞬にして新しい市場で，競合と戦っていけるだけの技術力をつけることができる。

　また，コストカットたる再編は，グループ内企業にとどまらず，同業界におけるものが増えている。まさに，M&Aである。同業界において再編することで，例えば，バックオフィス機能やコーポレート機能が集約できて固定費を削減できたり，仕入に関してボリュームディスカウントが効いて調達コストが下がったりといった，コストシナジーが期待できる。

　最後の，海外進出に関しても同様だ。今の時代において，ゼロから馴染みのない市場で販路を開拓し，生産拠点を設けようとする企業は少ない。やはり，現地の有力なプレイヤーとのアライアンスやM&Aを行うことが，常套手段となっている。クロスボーダーM&Aが増えている背景もこうした要因があるは

ずだ。

　このように，国内市場の行く末，そして，各社が生き残るための解決の糸口を考えれば，M&Aが今後ますます増えていくと考えて間違いないのだ。

【図表1－I－2】M&A件数が増えている背景

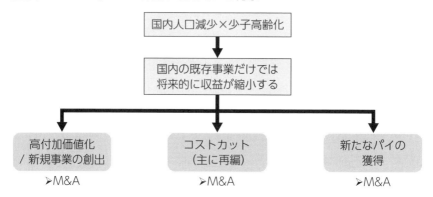

2　M&Aにいつ巻き込まれるかわからない

　M&A件数が増えるということは，勤めている会社が買った会社・買われた会社になる可能性が高まることを意味する。**自分はM&Aに関係ないと思っていても，いつ何時巻き込まれるのかわからない。あるいは，すでにもう巻き込まれている可能性もある。**これが，M&Aを知っておくべき第2の理由である。

　かくいう私自身も，所属していた独立系コンサルティング会社が，大手外資系コンサルティング会社に買収されるという経験をした。1人の経験者として，その時に感じたことをお伝えしよう。

　私は，それまでM&Aについて，クライアントに助言したりサポートしたりすることはあったが，自分自身がM&Aに巻き込まれるのは初めてだった。大手よりも中小の組織が性に合っていると考え，意気込んで転職した会社であったものの，図らずもM&Aの渦に巻き込まれ，気づけば大手コンサル会社の一員に成り果ててしまっていた。一介の従業員としては，このM&Aは不本意で

あり，不可抗力な出来事以外の何物でもなかった。

　とはいえ，買収されたという事実は変えようがない。力の限り，元の会社のブランドや価値を維持できるように頑張ろうと思った。ここで踏ん張らないと，自分たちの築いてきたものが崩されてしまうようにも感じていた。

　自分がやれることはすべてやったと今でも思うが，それでもうまくはいかなかった。M&Aという大きな波にのまれた元の会社は，消滅してしまった。そして買収後，会社の雰囲気は一変する。社内ルールは，徐々に買った会社，つまりは親会社の色に染まり，「社名は残す」と約束されていたにもかかわらず，思い入れのない名に変わってしまった。馴染みのある同僚は，変化する会社にとどまることを選ばず，他社に転職していく。毎週のように，"卒業の色紙"を書いた。「コンサル会社が，M&Aに失敗した」と，周りから揶揄される声を聞くこともあり，寂しい気持ちにもなった。

　このように，自分の会社がいつM&Aに巻き込まれるかわからないのが，今の時代だ。M&Aを実施することで，関係者全員がハッピーエンドを迎えるのなら問題はない。しかし，そんなことはあり得ない。**M&Aは摩擦と痛みを必ず伴う**。私が体験したように，苦痛を感じる人のほうが多いと言っても大げさではないと思う。

　とすれば，これからのビジネスパーソンは誰しもM&Aの「いろは」くらい知っておくべきだろう。基本さえ押さえておけば，いざ自分の会社がM&Aに巻き込まれた時，その背景や目的を理解しやすい。社内での動き方も考えられる。また，もし仮に，自社が過去にM&Aをしてきた会社ならば，仕事がうまくいかないと思った時には，それが過去のM&Aに関係していないかどうか，考えてみるとよい。「何かあの部署とは話が通じない」と思っていたら，当該部署が数年前に買収した企業出身の人だらけだった，ということも珍しくない。当時のM&Aの背景を理解しておけば，コミュニケーションのとり方も，違ったものになるはずだ。

　「企業文化」とは，その企業で働く従業員たちが積み重ねてきた行動パターンの集積である。たとえ勤めていた会社が買収によって消滅してしまったとし

ても，一度染み付いた企業文化は，そう簡単に抜けていくものではない。私も
そうであった。もし，M&Aをとおして企業文化を変えることは難しいと理解
できていれば，相手の企業文化を尊重したコミュニケーションを図るのが得策
だと考えることもできるようになるだろう。

3　M&Aで専門性が高められる

　最後に，M&Aは自分の仕事の専門性を高めるための，良き材料になり得る
という点についてお伝えしたい。専門性を高めるということは，ジェネラリス
トとは逆で，スペシャリストに近づくということだ。スペシャリストになるこ
とで，働く場所の選択肢が増える，報酬が上がるなど，自分自身の可能性を高
めることが可能になる。

　通常，スペシャリストになるためには，何かの分野に特化して，知識や知見
をたくわえ，その道に詳しくなる必要がある。ここで大事なのは，特化する分
野の設定方法だ。すでに存在する分野ではなく，新しい分野を自分で創ってし
まうという考えもある。「新しい分野」といっても，何も未開拓の領域を探せ
と言っているわけではない。掛け算の発想をすれば，今やっている仕事を生か
した専門性を身につけることができる。

　教育改革実践家の藤原和博氏の言葉を借りれば，「100人に1人」になれる
分野を2つ掛け合わせれば，1万人に1人の存在となり，自分を「レアカード
化」できるという。この掛け合わせる因数の1つにおすすめしたいのが，
M&Aだ。すでに述べたとおり，M&Aは今後増えていくことは間違いないし，
いつ巻き込まれるかもわからない。そして，加えるならば，M&Aという取組
みには，あらゆる仕事が包含されるため，経営企画部や財務部以外の部署で仕
事をしている人であっても必ず"関わり"を見出せるからだ。

　例えば，一見M&Aとは遠いイメージのある総務業務とM&Aの掛け算を考
えてみよう。

　M&Aの工程は，「M&A戦略」，「ディール実行」，「PMI」に大きく分けられ

る。「M&A戦略」は，経営戦略に照らし合わせ，手段としてM&Aを使うかどうか，使うならどのような企業を買うべきか，といった要件定義をし，それに合う企業を探す工程だ。ここで発生するリサーチ作業は，特別な資格が必要なわけではない。企業情報関連の調べ物ができるならば，総務部も十分できる領域である。あるいは，コンサルティング会社に依頼をする際の窓口にもなれる。コーディネートは，総務部が担うにふさわしい仕事だ。

　次の「ディール」も見てみよう。これは，契約に関わる工程である。「デューデリジェンス」とは，買収監査とも訳されるが，対象企業の事業性やリスクを調査・分析して，買収是非を見極める作業のことだ。ここでは非常に多くの資料を取り扱い，タイムリーに関係者と共有する必要もある。そうした情報窓口・調整窓口は，総務部が適任だろう。

　そして最後のPMI（Post Merger Integration）は，M&A後の統合活動である。両社のメンバーが分科会（会議の中でも，特に専門家が集まり，特定の分野について議論する，テーマ別の会合）を開き，インフラの統合に係る検討や，シナジーを創出するための検討をしていく。その際のPMOの役割を，自社をよく知っている総務部が担うことができれば，分科会の運営もスムーズになるはずだ。

　また，「どのような経緯でこのシステムを使うことになったのか？」といった情報を持っているのも総務部だ。システム統合の議論においても大いに力を発揮できる。そして何より，M&Aは戦略と適合性のある企業文化の形成が重要である。そこでは，社内イベントの企画等を担っている総務部が，最も活躍できるはずだ。

　このように，総務業務×M&Aの掛け算を想像するだけでも，専門性を高められる業務はたくさんある。もちろん，そのために必要なスキルはあれども，**通常業務にM&Aという因数を掛け合わせることで，業務内容に深みが増し，希少価値が高まるのだ。**実は，私もそういった者の１人だ。単なるジェネラリストのコンサルタントが，M&Aの色をつけたことで，M&A戦略コンサルという肩書を持つことができた。私の場合は，「コンサルタントとして，戦略策

定支援と実行支援の経験があること」，「M&Aプロセス全フェーズの知見を
持っていること」，「M&Aを実体験した分，買われた側の痛みがわかること」，
これら3つが，M&A戦略コンサルタントをしているうえでのアピールポイン
トだ。おそらくこの3つの因数を掛け合わせたコンサルタントは限りなく稀だ
ろう。

　独占業務の資格がない世界であれば，掛け算で専門性を創ってしまえば，自
分がオンリーワンになれる。思いもよらぬM&Aに巻き込まれたなら，それを
「専門性を高めるチャンス」として捉え，掛け算の因数の1つになるよう理解
を深めてみてはいかがだろうか。会社だけでなく，自分にとってのビジネス
チャンスにもなると考えることで，M&Aに対して，前向きに取り組めるよう
になるだろう。

【本節の押さえるべきポイント】

> ●企業にとってM&Aは，「高付加価値化」，「コストカット」，「新たなパイ
> 　の獲得」に取り組むうえで強力な武器になる
> ●M&Aについて理解を深めておくことで，いざM&Aに巻き込まれたとし
> 　ても，環境適応がしやすくなる
> ●M&Aを「キャリアの掛け算」の因数に取り込むと，スペシャリストに
> 　なれるチャンスが飛躍的に増える

Ⅱ M&Aは経営戦略ありきで 経営課題ありき

　そもそも，なぜM&Aを行う必要があるのか？　ビジネスにおいて今や「M&A」というキーワードは珍しくない。上場企業の中期経営計画にも，当たり前のように「M&A」が盛り込まれている。そして，「M&Aは成長戦略に必須だ」，「M&Aを実施すれば，今の経営状態を打破できる」と信じ込む経営者も少なくない。「M&Aさえできれば，うまくいく」といった，M&A神話があるように思う。

　何事も，手段に依存しすぎると，手段が目的化してしまう。それはM&Aもしかり。M&Aは，あくまでも目的を達成するための手段であり，目的そのものではない。「M&Aさえできれば，すべてうまくいく」というわけでは決してない。

　たしかに，他社の経営リソースを即座に手に入れることのできるM&Aは，「時間をカネで買える」有効な手段だろう。しかるべき企業を買収できれば，（持続性は別として）まるでパズルのピースが合ったかのように，長らく目指していた姿に一瞬にしてなれるかもしれない。しかし，M&Aは決して万能ではない。むしろ，扱いを間違えれば企業自体はもちろん，株主，顧客，従業員，その家族にまで大きな影響を与える劇薬だ。M&Aは，威力のある手段である一方で，摩擦と痛みを必ず伴う。

　「M&Aは万能ではなく，目的を達成するための手段にすぎない」

　M&Aを扱う立場として，このフレーズは，片時も忘れてはいけない。一歩間違えると劇薬にもなりかねないM&Aは，目的を達成するために必要だと判断された時にのみ，実行すべきだ。

　それでは，どのようにM&Aを「目的を達成するための手段」として理解すればよいのだろうか？

　M&Aを手段として理解するには，まず「ミッション」，「ビジョン」，「経営

課題」、「経営戦略」の位置関係を正確に把握する必要がある。これらのキーワードは、M&Aと直接関係ないように感じるかもしれないが、実は密接に関わり合っている。各キーワードの意味から、役割と相互関係まで深く掘り下げることで、M&Aの立ち位置が見えてくる。この立ち位置を正確に把握することが、手段としてのM&Aを有効活用することにつながる。

1　不変的な「ミッション」と可変的な「ビジョン」

　ミッションとは、「企業が果たすべき使命」である。

　ミッションは、創業者の「なぜその会社を興そうと決めたのか」という想いを表現している。例えば、社会的な問題になっているプラスチックごみを減らすために、プラスチック代替素材を開発する会社を設立したのであれば、「ごみ問題の解消に貢献すること」のような内容が、その会社のミッションだろう。こういった会社の使命は基本的には変わらないはずだ。つまり、ミッションは不変的である。

　一方、ビジョンとは、「ミッションを全うするために目指す姿」のことだ。

　「なぜその会社を興すに至ったのか」だけでは、ゴール設定するには不十分である。目指す姿を具体的に描くことで、どこに向かって進めばよいかが明確になる。

　ミッションを「Why」とすると、ビジョンは「What」に当たる。例えば、先ほどのプラスチック代替素材メーカーであれば、「食の領域でプラスチック代用製品を提供する、プラスチック代替素材のパイオニア的存在」のような内容が、ビジョンのはずだ。

　もちろん、ビジョンには、上記の例のような定性的なものだけでなく、「5年後にプラスチックごみ30％減を達成する」といった、定量的なものもある。ビジョンは具体的であればあるほど、その姿を目指しやすい。

　そして、ミッションは不変であるが、ビジョンは変化する。それは、時代や経営環境の変化に伴い、常に再定義する必要が出てくるためだ。例えば、「最

先端の技術を提供する」というミッションを持つ会社であれば，技術の進歩に
あわせて，具体的にどのような技術を開発するか，定期的にビジョンを再定義
する必要がある。ビジョンは可変的なのだ。

　どのくらいの頻度でビジョンを再定義すべきかについて決まりはないが，定
量的な内容も含まれたビジョンであれば，中期経営計画を策定する際に，3〜
5年ごとに中長期ビジョンとして見直されることが多いように思う。あるいは，
少し抽象的なビジョンであれば，創立XX年周年など，節目で表現が見直され
るケースもある。再定義の頻度は，既存ビジョンの解像度による。

　そして，「ミッション」と「ビジョン」の関係は，目的と目標の関係にもた
とらえられる。目的は「的」を指し，目標は「標」，つまり，的を射るためにつ
ける狙いのことである。先ほどのプラスチック代替素材メーカーの例であれば，
「ごみ問題解消に貢献する」という的を射抜くために，「プラスチック代替素材
のパイオニア的存在」を目指して事業に取り組むというのが，目的と目標の関
係だ。

【図表1－Ⅱ－1】ミッションとビジョンの関係

目標があるから目的を射抜ける

　このように，ミッションとビジョンは密接に関係している。両者を切り離す
ことなく，常にセットで考えるべきだ。なお，本書では，いわゆるミッショ
ン・ビジョン・バリューといったフレームワークを前提に，ミッションを最上
位概念と置いているが，会社によっては，ビジョンを最上位概念と置いている

ケースもある。あるいは，経営理念といった言葉を使っているケースもあるだ
ろう。それらに関しては，間違っていると指摘する気は毛頭ない。各社でミッ
ションとビジョン，そして経営理念の定義が違えば，それぞれの位置関係が変
わるのも当然だ。それぞれの関係性について，ロジカルに整理されていればそ
れでよいと個人的には思っている。

2　現状把握なくして経営課題の特定はあり得ない

　経営課題とはその名のとおり，経営上の「課題」であり，取り組まなければ
ならないことだ。そもそも，なぜ「経営課題」は発生するのか。それは，現状
の姿が理想としている姿とかけ離れているからだ。理想の姿であるビジョンと，
現状の姿に差がある場合，そのギャップを解消し，理想の姿にたどり着こうと
する。その取組みが，経営課題である。
　よって，経営課題を明らかにするには，現状把握は欠かせない。「現状の姿」
がわからなければ，ギャップがわからないので，課題を特定することができな
いからだ。ただし，現状把握が欠かせないといっても，やみくもに現状につい
て調査してまとめていくだけでは，取り組むべき経営課題を適切に導き出すこ
とはできない。
　では，具体的にどうするか？　その方法として有効なのが，3C分析と呼ば
れるフレームワークだ。3CとはCustomer（市場），Competitor（競合），
Company（自社）の3つを意味する。この3つの観点ごとに分析をすることで，
調査すべき対象を漏れなく，把握することができる。
　3C分析は，それほど珍しいフレームワークではないが，正しく使えている
人は意外と少ない。3C分析を正しく使えないと経営課題が特定できない。**経
営課題が特定できなければ，経営戦略がブレてしまう。経営戦略がブレた状態
でM&Aを検討しても，M&Aの必要性を判断できないし，対象企業の選定を間
違えてしまう。**そこで（本項の目的はM&Aの立ち位置を明らかにすることで
はあるものの）3C分析を使ってどのように現状把握し，経営課題を特定する

のか，概略を述べたい。

3　意外と知られていない3C分析の本当の使い方

　3C分析を正しく使ううえで重要なのは，「分析する順番を間違えないこと」と，「3CとKSF（Key Success Factor）の関係性を把握すること」の2点だ。

　3C分析の手順は以下のとおりである。

---

　①　Customer（市場）を定義する
　②　市場の定義を基に，Competitor（競合）を設定し，分析する
　③　市場分析と競合分析結果を基に，KSFを抽出する
　④　KSFを基に，Company（自社）の競争優位性を評価する

⑴　Customer（市場）を定義する

　「市場を定義する」とは，「自社が属している市場は何か」を明確にすることである。市場を定義するといっても，例えば，「うちは水族館だから，市場は，水族館市場だ」と，運命づけられているわけではない。市場の捉え方は1つだけとは限らず，複数ある。なぜなら，**市場の定義は，「提供しているモノやサービス」ではなく，「提供している価値」によって決まるからだ。**

　水族館Aの市場を例に挙げてみよう。水族館Aに訪れる人の多くが，水族館のみに興味を持っているというのなら話は別だが，通常は，「地元にあるレジャースポットだから」，「子ども向けの催し物が多いから」など，施設が提供する価値に魅力を感じて利用する場合がほとんどだろう。このことを考えれば，同じエリアにある水族館だけが競合とは限らず，はるか遠くにある水族館を競合とみなすことは，無意味であることがわかるはずだ。

　例えば，水族館Aにはどのような人が訪れているのか調査した結果，その多くが20代の若いカップルだと判明したとしよう。この場合，水族館Aは，デー

トスポットとしての価値を提供している可能性が高い。つまり，「若いカップルのデートスポット市場」に属していると考えられるのだ。

「若いカップルのデートスポット市場」を水族館Aの市場であると定義すると，水族館Aの近くにある映画館や遊園地など，若いカップル受けしやすい施設が，競合として浮かび上がってくる。決して，他の水族館だけが競合になるわけではない。

このように，提供している価値から市場を捉えることによって，競合も大きく異なることがわかる。市場の定義は，競合の定義や自社の戦い方，そしてM&Aの対象に影響を与えることになるため，分析の順番は1番目にすべきである。

【図表1－Ⅱ－2】市場定義による競合の変化

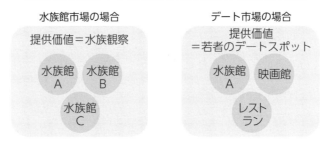

市場の捉え方は1つではないことを理解する必要がある。

市場は提供しているモノやサービスではなく「提供価値」で括るべき

⑵   **市場の定義を基に，Competitor（競合）を設定し，分析する**

水族館Aの例でいうと，競合は水族館Aの近くに位置する，映画館や遊園地などのデートスポットである。ここで注意するのは，競合を設定して終わらせてはならないという点だ。**競合を「勝ちプレイヤー」，「負けプレイヤー」，「新興プレイヤー」の3つに分けて分析することをおすすめしたい。**

なぜ3つに分類する必要があるのか。それは，競合のグループ分けをとおして，市場における勝ちパターンを抽出するためだ。その市場で勝ちプレイヤー

として評価した競合を分析すると，勝因を把握できる。また，負けプレイヤーとして評価した競合からは，敗因を引き出せる。

　「なぜ敗因を分析する必要があるのか」と，不思議に思うかもしれない。しかし，負ける理由は勝つ理由と違い，必然的なものであることが多い。肥前国第9代平戸藩主，松浦静山が残した言葉で，野村克也元監督が愛用した引用としても有名だが，**「勝ちに不思議の勝ちあり，負けに不思議の負けなし」**というものがある。これは，偶然に勝つことはあるが，負けに偶然はないという意味だ。ビジネスの世界で解釈すれば，「勝っている企業ばかり見ても，偶然に勝っているだけかもしれない。負けるには必ずダメな理由があるわけだから，負けている企業も調べたほうが，より深い分析につながる」と言えるのではないだろうか。

　そして，新興プレイヤーは，今はまだ大きくない市場ニーズを捉えて台頭してきている企業として見れば，当該プレイヤーの勝ち方を分析することで，将来の勝ち方が見えてくるかもしれない。そういう意味では，**競合分析は，自社と同等クラスの企業ばかりを見るのではなく，謙虚な姿勢で，小さくて元気な企業にも目を配るべきだ。**

　これらの分析から，失敗するリスクを避け，成功する可能性の高い戦い方，いわゆる勝ちパターンを推察できる。

　なお，勝ちと負けは，どのように判別すべきか。1つの方法としては，まず財務分析で定量的に競合を分析し，初期的に勝ちプレイヤーと負けプレイヤーに振り分ける。例えば，市場平均の売上高と利益率に対して，上に振れていれば勝ちプレイヤー，下に振れていれば負けプレイヤーと判断する。ただ，それら数値の違いは，一概に，企業の優劣を示しているのではなく，ビジネスモデルの違いによることもあるので，定量的に分析した後には，定性的な分析が必要であることに留意されたい。

【図表1－Ⅱ－3】競合のタイプ分けの考え方

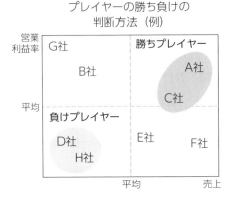

プレイヤーの勝ち負けの
判断方法（例）

市場平均の売上高と利益率に対して，
定量的に判断し，各プレイヤーを
マッピングする

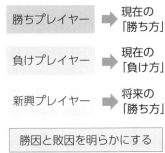

3タイプの競合からは
それぞれ学べることがある

新興プレイヤーには，
勝ち方のヒントがあるので注視する

⑶　市場と競合分析からKSFを抽出，KSFとCompany（自社）から経営課題
　　を特定する

　KSF（Key Success Factor）は，その市場において事業を成功させるため
の要因である。市場の分析結果と，競合の分析結果から挟み撃ちするようにし
て抽出する。ここで留意すべきは，**市場分析の結果も競合分析の結果も仮説に
すぎないという点だ**。それが真実か否かは，神のみぞ知る。ファクトベースで
分析して考察して，顧客動向や市場機会，競争環境や勝ちパターン等を検討し
た結果，あくまで「妥当性のある内容」が考えられたということだ。

　そして，極論すれば，KSFは市場分析だけ見ても推察できるし，競合分析を
見ても推察できる。ただ，**KSFの妥当性を高めるといった点で，市場の観点と，
競合の観点の両方から考察したほうが確度の高いKSFが抽出できる**。そのため，
市場分析と競合分析の両面からKSFを考察する必要があるのだ。

　なお，私が法人研修などで経営戦略を講じている際，「このケースのKSFは
何だと思いますか」と質問すると，受講生から「これがKSFで合っています
か？」という答えをもらうことがあるが，KSFに正解はない。あるとすれば，

"妥当解"しかない。「ファクトベースで論理的に考えれば，これが成功の鍵かもしれない」というものがKSFであるにすぎないので，「答え探し」にならないよう注意されたい。

　最後は，「市場」・「競合」という外部環境を分析し，その結果からKSFを抽出したら，「自社」という内部環境と比較する。KSFは，"成功の要因"なので，見方によっては，「理想の姿」とも解釈できる。とすれば，**「理想の姿」としてKSFを見れば，「現状の姿」である自社と照らして充足度合いを評価することで，ギャップが見えてくるはずだ。**

　自社が充足できているかどうか分析する際に使うのが，Fit/Gapという概念である。「KSFの中でフィットしているものは何か？　どの程度フィットしているか？」，「KSFの中で，ギャップのあるものは何か？　どの程度ギャップがあるか？」についてそれぞれ分析・評価することで，自社のKSF充足度が明らかになる。そして，**「Fitを強化する，あるいはGapを解消するための取組みが経営課題である」という考え方ができる。**また，「Fitするものが多くGapが少なければ，その会社は競争優位性がある」ともいえる。

　「理想の姿であるビジョンと，現状の姿に差がある場合，そのギャップを解消し，理想の姿にたどり着こうとする。その取組みが，経営課題である」と先述したが，崇高なビジョンが明確に設定されていなかったとしても，このようにKSFという概念を「理想の姿」とみなせば，経営課題は特定できるのだ。実際，自社のビジョンが何かという議論がなくても，経営課題の議論はあるだろ

【図表1−Ⅱ−4】経営課題の特定の流れ

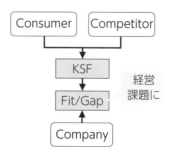

う。その理由は，無自覚的に，その市場におけるKSFと自社を照らして，必要な取組みが思い浮かんでいるからだ。

　３Ｃ分析を正確に行うと，最終的な結果を以下のようにまとめることができる。

　「◆◆という提供価値で市場を定義した場合，顧客は○○で，今後の市場機会は●●にある。また，競合を見た時，競争環境は□□で，今後の勝ち方としては◇◇があると考えられる。よってKSFは◎◎と抽出でき，KSFと自社を照らし合わせた時に，Fit／Gapはそれぞれ●●であるから，自社の経営課題は△△だ」

　上記のように，市場分析から自社分析までが１本の線でつながるようにストーリーを導き出すことができれば，その３Ｃ分析は正しく行われたと言ってよい。３Ｃ分析というと，３つの観点でただ分析すればいいと考えている方もいるが，実はＣ同士の連関性が重要であり，そこにストーリーがないと，ネクストステップにつなげることができない。ここが知っていることと，使えることの違いでもある。

4　経営課題と経営戦略とM&A

　経営課題を特定した後に策定するのが経営戦略である。本書で定義している経営戦略とは，「経営課題を解決するための方策，打ち手」のことだ。現状と理想の姿のギャップを解消するために必要な取組みはわかっても，具体的に何をどうすればいいのか。それを示したものが経営戦略だ。

　経営戦略は，論理的に分けると，「自力解決」と「他力活用」の２種類がある。前者は自力で経営課題を解決することであり，後者は他社の力を活用して，経営課題を解決することである。経営戦略を考える時，まず自力で解決できるか否かを検討し，自力では無理だと判断した場合に，他力活用を選択するのが筋だ。

　また，他力活用には３つの種類がある。その３つとは，ジョイントベン

チャー（JV），アライアンス，そしてM&Aだ。つまり，M&Aは，他力活用の
１つなのである。M&Aを利用するかどうかは，経営課題を解決するにあたり，
それが最適な方法であると判断された場合のみである。つまり，**M&Aは手段
にすぎないのだ。**

【図表１－Ⅱ－５】M&Aは手段にすぎない

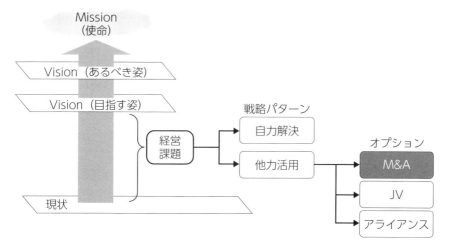

【本節の押さえるべきポイント】

●ミッションは不変，ビジョンは可変，もって非なるもの
●経営課題とは，ビジョンと現状のギャップから特定するもの
● ３C分析を正しく使えれば，経営課題を特定することもできる
●M&Aは，経営戦略のうち他力活用パターンの１つにすぎない

プラスαのM&Aミニレクチャー： M&Aにおけるバリューの重要性

バリューは，ミッションやビジョンとともに，経営理念に盛り込まれている概念だ。M&Aの位置づけを説明するだけなら，ミッションとビジョンだけで足りる。しかし，M&Aを語るうえで，バリューの説明を避けるわけにはいかない。バリューは，M&A後に真価を問われるからだ。ここでは，ポストM&Aを進化させるうえで不可欠となるバリューの定義と，その重要性について説明する。

1　バリューは従業員の判断指針になる

企業には，表現の違いはあれども，経営理念というものがそれぞれある。経営理念は，一般的には，ミッション，ビジョン，バリューの3つに分かれるが，M&A後に社員が感じる価値観のズレは，バリューの違いによるところが大きい。

ミッションとは，その会社が背負っている使命であり，どうしてその会社を興すに至ったかという動機に通ずるもので，創業者の想いが最も強く込められているもの，不変的なものと言ってもよいだろう。

一方，ビジョンとは，その企業がミッションを全うするために，目指すべき姿である。定性的な目標もあれば，定量的な目標も含まれる。これは時代や環境によって変わり得るため，可変的なものと言える。

そして，バリューとは，ミッションを全うするために，あるいは，ビジョンを達成するために，「従業員それぞれが持つべき価値観」である。バリューは「人」の行動に関わる概念だ。従業員に対して，会社が目指す姿とその理由を明らかにしても，具体的な判断指針を示さなければ，彼らを動かすことはできない。バリューを明確にすることではじめて，従業員はゴールに向かって進む

ことができる。

【図表A】Mission-Vision Value

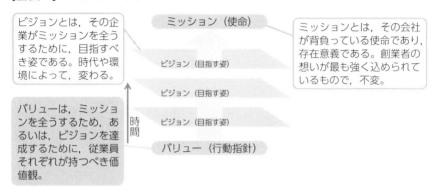

　例を挙げてみよう。ソフトバンクグループが掲げているバリューは，「No.1」「挑戦」，「逆算」，「スピード」，「執念」の5つだ。どれも短い言葉で簡潔にまとめられている。

> 「No.1」　やる以上は圧倒的No.1
> 「挑戦」　失敗を恐れず高い壁に挑み続ける
> 「逆算」　登る山を決め，どう行動するか逆算で決める
> 「スピード」　スピードは価値。早い行動は早い成果を生む
> 「執念」　言い訳しない，脳がちぎれるほど考え，とことんやり抜く

　このように，たとえ明日からソフトバンクグループで働くことになったとしても，何を指針にどう行動すべきかわかるほど，メッセージ性の強いバリューであることがわかる。**良いバリューは，判断軸が明確である。**判断に困った時の指針になり得るのだ。

2　バリューが採り得る戦略を規定する

　従業員たちは，バリューを指針に行動する。そして，彼らの行動の積み重ね
が，行動パターンとなり，企業文化を形成していく。企業文化は，組織構造や
組織制度といったハード面からも影響を受けるが，人や関係性といったソフト
面からも影響を受けている。

　この企業文化は，経営戦略の策定にも大きく影響する。「戦略的経営の父」
として知られているイゴール・アンゾフが，**「戦略は組織に従う」**と言ったよ
うに，**企業が採り得る戦略は，企業文化によって制限される**からである。

　例えば，保守的でリスクを取ることを嫌う企業文化であれば，大胆な戦略は
描けないだろう。また，既存事業1本足で成り立ってきた企業であれば，新規
事業を創出する動機も気概も生まれにくいだろう。

　このように，企業文化は，人を介してバリューによって形成されるし，実行
性の観点で，採り得る戦略を限定することにもなる。つまり，**バリューの内容
によって，企業が実行できる戦略の幅は決まってしまう**のだ。その意味で，バ
リューとは，「従業員それぞれが持つべき価値観」という定義以上に重要性を
秘めている。

3　M&A後はバリューの再定義を

　M&A後は，異なる企業文化をバックグラウンドに持つ人と一緒に働くこと
になる。異なるバリューを持つ者同士が仕事をするのだから，普通だと思って
いたことが通じないのは当たり前。「"普通"とは何か」から説明しなくてはな
らないかもしれない。

　そういう場合は，**できるだけ仕事に対する考え方のズレをなくし，円滑に業
務を行えるよう，異なった価値観をすり合わせていく必要がある**。要は，
M&A後のバリューを再定義する必要があるのだ。

　また，統一されたバリューがない状況では，ポストM&Aにおいて実行でき
る戦略の幅が限定されてしまう可能性がある。せっかく描いた壮大なシナジー
創出プランも，バリューのズレで，実行しきれないということもあり得る。そ
の意味でも，M&A後のバリューの見直し，再定義は重要な取組みである。

4　バリュー再定義のポイント

　ミッションは，創業者の想いや意思が基になっているはずであり，ビジョン
は，マネジメントの狙いや計画を基に設定されるべきだが，バリューに関して
は，できる限り多くの従業員の意見を取り入れたほうがうまくいく。

　従業員が，会社のミッションとビジョンを理解したうえで，議論を重ねなが
ら，「仕事の取組み方に関して，我々はどうあるべきか」について統一の価値
観を見出していく。それがバリューの具現化方法だ。

　私の経験則として，職位・職種別の混成チームを複数つくり，議論を重ねて
いく方法をおすすめする。ファシリテーターの力量にもよるが，週１回でも，
数カ月間議論をし尽くせば，自分たちの価値観に関する共通項というものが浮
かび上がってくる。

第 **2** 章

M&A概論

I　M&Aプロセスにおける各フェーズの連関性

　M&Aプロセスは，「M&A戦略」，「ディール（Deal）」，「PMI」の3フェーズに分かれていることはよく知られている。しかし，各フェーズの連関性を重要視している人は意外と多くない。ここでいう「連関性」とは，3フェーズにおいて，前工程が後工程に影響していることを意味する。連関性があるからこそ，3フェーズは順番どおりに進むのであり，各フェーズの作業にも，一連の流れがある。M&Aに取り組む際は，各フェーズが連関していることを意識すべきである。その理由について説明しよう。

1　M&Aプロセスには一連の流れがある

　M&Aプロセスは，「M&A戦略」フェーズから「ディール」フェーズ，そして「PMI」フェーズへと進んでいく。各工程同士が，どのようなつながりがあるのかを理解しておくことが重要だ。

⑴　M&A戦略フェーズ

　M&A戦略フェーズの起点はどこか？　M&A戦略は，経営戦略に包含されるため，考え方は諸説あると思うが，ここでは，経営課題が設定された後からの大まかな流れについて説明する。

　経営課題に対して，解決の方向性として，自力解決と他力活用があることはすでに述べた。そして，自力解決ではなく，他力活用を選んだ場合，M&Aというオプションが出てくる。数あるオプションのうち，M&Aが必要と判断した場合，買収目的を明確にする必要がある。何を獲得するために，どのような対象企業を買収すべきなのか。要は，それが，M&A戦略の初期仮説である。

　M&A戦略の初期仮説が定まった後は，具体的に，どのような企業がふさわ

しいか，対象企業の要件定義を行う。「業種は○○」，「■■に販路を持っている」など，対象企業に求める条件を列挙して，選別していく。

　その要件に従って，対象企業の絞り込みを行う。絞込みは，段階的に行うことが多い。まずは，条件に合致した企業を幅広にピックアップし，「ロングリスト」を作成する。ロングリストにリストアップされる候補はおよそ100〜200社。次に，魅力度の観点からさらに候補を絞り込んでいく。こうして作成されるのが「ショートリスト」で，数十社ほどが残る。そして，ショートリストから買収が叶いそうかどうかの実現性の観点で3社程度に絞り込み，「コンタクトリスト」を作成する。

　そして，コンタクトリストに残った3社程度に対して，"事前の見極め作業"を行う場合がある。この「対象企業に直接アプローチすることなく外部情報や側面情報から買収是非を検討する作業」を，プレデューデリジェンスや，外部デューデリジェンスと呼ぶことが多い。このプレデューデリジェンスの検討結果を基に，その対象企業を"買収すべきかどうか"の初期的な評価を行う。

　留意点としては，あくまでこの段階では，買い手側の「買うべきかどうか」の評価が決まるにすぎない。要は，ドアノックする企業が決まった状態であり，この後に，M&AプロセスはM&A戦略フェーズからディールフェーズへと移行していく。

　なお，要件定義の後に，上記のように自ら対象企業を探す場合を「口説き型プロセス」，仲介会社等に探してもらう場合を「持ち込まれ（持ち込ませ）型プロセス」という。これらについては，本書の後半にて詳述する。

【図表2－Ⅰ－1】M&A戦略フェーズ

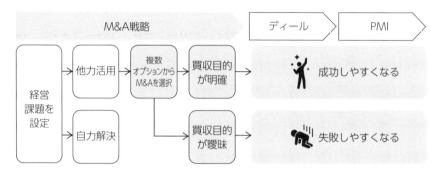

⑵　ディールフェーズ

　M&Aプロセスの2番目に来るディールフェーズは，デューデリジェンスや，バリュエーション，プライシングなど，M&Aのディールに関わる作業を進める工程だ。買うべきかどうか，いくらで買うべきかどうか，どのような条件で買うべきか（買えるか）を当該フェーズで判断していくことになる。

　ディールフェーズの主要な作業である「事業デューデリジェンス」の目的は，「対象企業単独での稼ぐ力」と，「買収目的が達成できるか」の検証である。**前工程のM&A戦略フェーズで，買収目的が明確かつ具体的に設定されていればいるほど，目的が達成可能か否かを見極めやすい。**検証すべき論点も定めやすくなる。検証すべき論点が定めやすければ，検討作業も効果的かつ効率的に進められる。結果として，買収是非を精緻に判断できるようになる。

　また，バリュエーションは，デューデリジェンスの検討結果を基に算定することになるので，当然にして，**デューデリジェンスの結果次第で，バリュエーションの結果も変わり得る。**デューデリジェンスの段階で，どこまでシナジーを織り込んだ数値をつくるか，どこまでリスクを反映した数値にできるか。それによって，バリュエーションの結果も大きく変わる。

　そして，プライシングは，バリュエーションで導出された理論価格を基に，いくらに値付けするかということなので，こちらは，**バリュエーションの結果次第で，プライシングの結果が変わり得るし，**デューデリジェンスの結果も踏

まえて，売り手と買い手との間で価格交渉を含めた条件交渉が行われ，両社の折り合いがつけば買収が決定する。

　このように，ディールフェーズの中でも，デューデリジェンス，バリュエーション，プライシングと，各作業における連関性があることがわかるが，ディールフェーズ自体が，M&A戦略フェーズからのアウトプット次第であることもわかる。要は，**M&A戦略フェーズにおいて，どこまで「買収目的」を明確かつ具体的に書き下せるかで，後工程のディールフェーズの質が決まってしまうのだ。**

【図表2－Ⅰ－2】ディールフェーズ

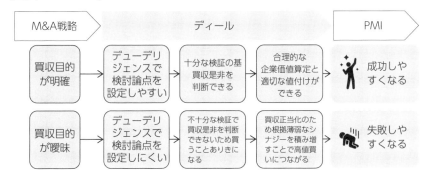

(3)　PMIフェーズ

　M&Aプロセスの最終工程であるPMIフェーズは，狭義では契約締結日から始まる（なお，広義ではPMIはディール中から準備を含めて開始すべきという考えもあるが，ここではシンプルに契約締結日から始まるとする）。

　PMIは難しいと言われることがあるが，実際，PMI自体が難しさを持っている点は否めないものの，実は，難しいかどうかは，前工程であるM&A戦略フェーズとディールフェーズの検討成果次第でもある。前工程の検討成果がしっかりあれば，最終工程であるPMIフェーズでやることは至極単純だ。

　それは，「買収目的の達成に向けた，戦略の具体化と実行体制づくり」である。PMIは契約締結日（いわゆる「Day0」）から始まり，買収企業と対象企業，

双方のメンバーが協働して統合作業を進めていく。理想のM&Aプロセスでは，前工程までに買収目的の達成可否が精査され，大枠の戦略は決まっているはずだ。その戦略を，買収企業と対象企業の双方のメンバーで具体化し，実行体制まで作り上げる。これが本来のPMIの主要な役割である。

　しかし現実には，PMIフェーズに至るまでに，M&A戦略フェーズとディールフェーズで"理想的な検討"が行われているケースは多くはない。M&A戦略策定フェーズで，そもそもの経営戦略が不在な場合は，買収目的自体が曖昧になってしまう。買収目的が曖昧だと，M&A後の戦略が不明確になり，ディールフェーズの事業デューデリジェンスで検証すべき論点が定まらない。論点が定まらなければ正しく検証できないので，買収の是非が判断できない。

　しかしながら，こういった場合，目的がはっきりしない，あるいは是非が判断できない，という理由でM&Aをやめようとなることは実態として少ない。**担当者の目的が「案件の成約」になってしまい，"買うことありき"でM&Aが進むケースが多いのだ。**結果として，買収価格を正当化するために，根拠の薄いシナジーを積み増すことになる。

　そして，最後にやってくるのが，PMIフェーズである。統合実務は現場メンバーに任され，曖昧な目的によって決まった買収に対して，それを正当化させるために考え出された根拠薄弱なシナジー創出の責任が負わされる。やはり，PMIフェーズの成果は，M&A戦略フェーズからすでにその要因となるものがあり，M&Aプロセスは，M&A戦略フェーズからPMIフェーズまで，連関性があるのだ。

【図表2-Ⅰ-3】PMIフェーズ

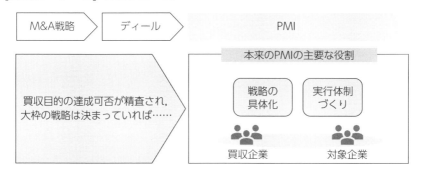

2　M&Aプロセスは，インプット・プロセス・アウトプットの繰り返し

　M&Aプロセスにおける各フェーズの連関性は，「インプット・プロセス・アウトプット」の概念から説明できる。インプット・プロセス・アウトプットとは，業務上で発生する一連の流れを示したもので，製造業で言うならば，材料（インプット）から必要な加工作業（プロセス）を経て製品（アウトプット）をつくり出すまでの処理工程のことだ。

　アウトプットされてでき上がったものは，すべて完成品というわけではない。完成品をつくるために，インプット・プロセスから，中間アウトプットがつくり出され，さらにそれがインプットとなり，次のプロセスにつながっていく。中間アウトプットの質が低ければ，最終アウトプットの質も低くなるのは当然だろう。

　例えば，魚料理の調理をイメージしてほしい。材料を揃えて魚に塩をふる。こうして下ごしらえが終わった状態の魚は，材料（インプット）から加工（プロセス）されてでき上がった中間アウトプットだ。下ごしらえの状態では料理の完成とは言えないが，この中間アウトプットは，完成に向けて必要な1つのインプットになる。

　その後，下ごしらえをした魚に味付けをする，オーブンで焼く，付け合わせの野菜を調理するなどの作業が続く。中間アウトプットは次の作業のインプットとなり，加工されてさらに他のアウトプットをつくり出すということを繰り返しながら，料理の完成へと近づいていく。完成された，きれいに盛り付けられテーブルに運ばれる魚料理は，様々な工程を経た，最終アウトプットである。

　M&Aプロセスも，これまで述べたように，フェーズ間においてもインプット・プロセス・アウトプットを繰り返しているし，フェーズ内においてもインプット・プロセス・アウトプットを繰り返している。特に，M&Aプロセスにおける"下ごしらえ"フェーズであるM&A戦略策定の検討がイマイチならば，後工程はそれに引きずられ，最終アウトプットであるはずの「M&A成果」の質は低くなってしまう。

3　各フェーズの連関性を意識しないと後工程がうまくいかない

　例えばM&A戦略フェーズで骨太かつ具体的な買収目的がないまま，対象企業にアプローチしてしまったとする。そうすると，その企業に対する期待や懸念がはっきりしないため，ディールフェーズでは，何を分析すべきか的を絞りきれていないまま，デューデリジェンスを実施することになる。しかし，ここに無理がある。ディールフェーズの主な役割は，「対象企業に対する期待と懸念の検証」なので，それらが曖昧な状態では，まともなデューデリジェンスなどできるわけがない。

　中途半端なデューデリジェンスだと，買うべきかどうかの見極めが正しく行われないまま次の作業へ進むことになる。そして，「買うべき」という判断と辻褄を合わせるために，担当者は「買収することに価値があると見せるにはどうしたらいいか」を考えるようになってしまう。そのために，曖昧な（架空の？）シナジーを積み増し，結果として，割高な買収価格となる。

　しかしながら，買収価格が適正である・適正でないにかかわらず，高く買ってしまった分，PMIフェーズではシナジーを創出して回収しなければならない。

実際にシナジーが創出されれば問題ないが，そういうケースはゼロに等しいだろう。ほとんどのケースでは，思うようにシナジーが創出されず，「こんなはずではなかった」と，がっくり肩を落とすことになる。

　このように，M&Aプロセスにおいて，1つのフェーズにつまずくと，ドミノ倒しのようにその後のフェーズが崩れていく。

　製造業に“後工程はお客様”という標語がある。これは，連関するフェーズの重要性を見事に言い表している。製造工程は一連のラインでつながっていて，各工程に作業を担当する人がいる。当該標語は，「作業の結果が後ろの人に影響を与える。後工程の人をお客様だと思い，目の前の仕事に手を抜かず取り組む」よう戒めているのだ。M&Aプロセスにおいても全く同じことが言える。M&Aプロセスにおけるつまずきを避けるには，M&Aの3フェーズは連関しているということを意識すべきなのだ。

【本節の押さえるべきポイント】

> ●M&A戦略フェーズ・ディールフェーズ・PMIフェーズにおいて，前工程が後工程に影響している
> ●各フェーズの連関性は，インプット・プロセス・アウトプットの視点から考えると理解しやすい
> ●M&Aプロセスでも，“後工程はお客様”の精神でいるべき

Ⅱ　失敗の原因にされがちなPMI

　前節では，M&Aプロセスの各フェーズには連関性があることを説明した。そして，実際にM&Aに取り組む際は，この連関性を意識することが重要だということについても述べた。この連関性を前提に，本節では，M&A失敗の原因は上流工程にありがちであることについて説明したい。

　一般的には，PMIフェーズは問題が起きやすく，期待したとおりの結果は出にくいと言われている。そして，失敗の原因は，「PMIフェーズにある」と言われることも多い。しかし，前工程がうまくいっていれば，PMIフェーズでは大きなつまずきは起きにくい。上流工程が良質であれば，PMIフェーズの質も高くなるはずだ。裏を返せば，PMIフェーズで問題が発生するのは，後工程ではなく，上流工程の質に問題があると言える。

1　本当に「PMIフェーズがうまくいかないのは，担当者のせい」なのか？

　PMIフェーズで問題が生じると，必ずと言ってよいほど「事業担当者のせい」になる。その背景には，連関性の重要性が意識されていないことがあるように思う。M&Aを成功させるには，各フェーズの連関性を重要視すべきなのに，実際問題としてあまり意識されていない理由として挙げられるのが，各フェーズで担当者が変わることだ。担当者が変わると，フェーズとフェーズとの間で情報の連携がうまくいかず，どこで不都合が起きているのか発見しにくい。

　M&A戦略フェーズでは，経営陣や企業のトップが積極的に関与することが多いが，ディールフェーズでは，経営企画や財務の担当者が中心となってデューデリジェンスやバリュエーションを行う。そして，PMIフェーズでは経営陣が直接関与する度合いが低くなり，統合活動は「M&Aの買収が終わった

後の通常業務」とみなされ，各事業部門の事業責任者が担当することが多い。M&A戦略フェーズで掲げられていた崇高なる「M&Aの成功」が，ディールフェーズになると，「M&Aの成約」にいつの間にかすり替わり，PMIフェーズになると「M&A」は単なる「事業運営」に切り替わってしまうのだ。

　担当者が変わる際に，もちろん引き継ぎは行われるはずだが，どうしても引き継げずに終わってしまうものもある。実際にM&Aのプロセスに関わった人でなければ得られない，暗黙知や空気感等。さらに，事業担当者は急きょプロジェクトを任されることもある。そのような状況で「シナジーを創出しろ」と指示されても厳しい。にもかかわらず結果が出ないと，「PMIの失敗は事業責任者にある」と言われてしまう。なんと理不尽なことか……。

　しかし，私がこれまで対峙してきたクライアントを振り返ると，PMIでの失敗のほとんどは，事業責任者ではなくPMIフェーズの前工程でのつまずきに起因している。

　例えば，特定領域のシェア拡大を目的に某企業を買収したが，その分野で期待したような結果が得られなかったとする。現象として，事業責任者が現場をうまくコントロールできなかった，不測の事態に適切に対処できなかった等の不手際があれば，たしかに事業責任者にも責められるべき面はあるかもしれない。だが，原因はそれだけではないだろう。前工程にも原因があるはずなのだ。

　前工程を精査してみれば，算出されたシナジー創出額は，買収価格を正当化するための根拠の薄いものだったことがわかるかもしれない。さらに前工程にたどっていくと，デューデリジェンスの検証が的外れで，買収の是非が判断できていなかったかもしれない。あるいは，買収目的が曖昧だったかもしれない等。

　また，M&Aの必要性が十分検討されずに，買う必要のない企業を買ってしまった場合だってあり得る。M&Aが失敗した根本的な原因が，そもそもの経営課題の特定や，経営戦略の策定にあるとしたら，事業担当者を責めることは皆目見当違いだろう。各フェーズの連関性の重要性を意識しないと，M&Aは失敗しやすいと強調する点はここにある。

　こうした連関性を前提とするならば，理想は，そのM&Aを企画した担当者が，M&A戦略フェーズからPMIフェーズまで関与することが重要だと言える。一貫して担当することで，各フェーズにおいて，予見と対策ができるようになる。その結果，PMIフェーズでもつまずく確率を下げることができる。たとえ同じ担当者が最初から最後まで関与することが無理であったとして，各担当者が連関性の重要性を意識するだけでも，M&Aの失敗は減っていくだろう。

【図表2-Ⅱ-1】失敗はPMIのせい

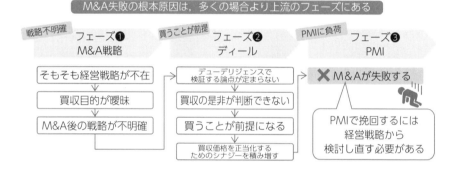

2　M&A戦略フェーズから連関性を意識することがPMIの質を高める

　PMIの質を上げるには，最上流工程であるM&A戦略フェーズから連関性を意識することが大切である。ここでは，M&A戦略フェーズでつまずくことを防ぐために，留意すべき点について説明する。

⑴　M&A戦略は経営戦略の一部であることを忘れない

　当たり前の話だが，M&A戦略の意味を取り違えてしまうと，その後のプロセスが間違った方向に向かってしまう。「M&A戦略は，言われなくても十分理解しているつもりだ」と思うかもしれないが，実は勘違いしている人も少なくない。

　M&A戦略とは，「M&Aのための戦略」ではなく「M&Aを活用した戦略」のことである。どちらの意味で解釈しているかによって，その後の方向性は180度変わる。

　M&A戦略のことを「M&Aのための戦略」と解釈していると，M&Aそのものが目的になってしまう。そうすると，M&A戦略フェーズでM&Aの必要性を検討する際，M&Aありきで議論を始めることになるだろう。M&A戦略フェーズからディールフェーズまで「買収するためにすべきことは何か？」という方向に向かって検討が進められ，その結果PMIフェーズでシナジー創出ができない。

　一方で，M&A戦略のことを「M&Aを活用した戦略」と解釈できていれば，経営課題を解決するために，「どのようにM&Aを活用するか？」に焦点を当てて考えられるようになる。この考え方でいけば，M&A戦略フェーズを経営戦略の一部として捉え，経営戦略の目的と照らし合わせながら，M&Aの活用について検討していくことができる。

⑵　買収目的は骨太かつ具体的に定義する

　買収目的が骨太かつ具体的であるほど，デューデリジェンスにおいて，検証すべき論点が定めやすくなり，合理的に検証することが可能になる。逆に，買収目的を曖昧にしておくと，論点が不明確となり，正しい検証をすることができない。

　PMIでよく聞かれるのが「この案件は"高い買い物"だった」という批判だ。これは，買収前に試算したプレミアム（のれん）に反して，買収後に創出されたシナジーが少ないことが原因と考えられる。

　なぜプレミアムを高く見積りすぎてしまうのか。それは，企業価値自体の算定が甘かったからかもしれないし，プライシングで，相手から提示された想定外の提案を受け入れてしまったからかもしれない。しかし，上流工程まで遡ってみると，買収目的を曖昧にしたままシナジーの検討を進めてしまった可能性も考えられる。プレミアムに見合ったシナジーが創出できないのは，買収目的

を明確にしなかったことが，諸悪の根源の場合だってあるのだ。

　PMIの主要な役割は，先述したとおり，親会社と子会社がともに，前工程で策定されたM&A戦略を具体化し実行体制をつくり上げることである。PMIフェーズでそれらが思うように進まない場合は，前工程の質を疑うべきなのだ。

　M&A戦略フェーズにおいて，どこまで「買収目的」を骨太かつ具体的に書き出せるかで後工程のディールフェーズの質が決まるし，結果としてPMIフェーズの質にも影響を与えてしまうことに留意されたい。

3　子会社ガバナンスはいつから検討するか？

　異なる会社同士が一丸となって経営戦略の実現に取り組むには，親会社と子会社の間でルールを設ける必要がある。そのルールが，「子会社ガバナンス」である。これも，各フェーズの連関性と紐付けると理解しやすい。

　親会社と子会社が共通の目標を達成するにはルールが必要で，ルールを遂行するためには，子会社に対して規律を課さなくてはならないだろう。しかしその一方で，子会社が目標を達成する動機づけも忘れてはならない。**規律と動機づけ，つまり，アメとムチのバランスが子会社ガバナンスの本質である。**

　シナジーを早期に確実に創出するためにも，子会社ガバナンスは早い段階で設計すべきだ。M&Aの経験が乏しい企業では，Day100の期間中に子会社ガバナンスを検討しようとしがちだが，親会社と子会社が統合してから，「どうやって子会社のガバナンスを効かせようか」と考え始めるのでは遅すぎる。

　子会社ガバナンスの検討は，理想を言えば，M&A戦略フェーズから検討をスタートすべきで，ディールフェーズでその基本方針がほぼ決まっている状態が望ましい。「PMI前に，子会社ガバナンスの方針を決められるわけがない」と思うかもしれない。しかし，M&Aの各フェーズに連関性があるということを認識すれば，実は，M&A戦略フェーズから，子会社ガバナンスの検討はできる。

　M&A戦略フェーズの本質は，M&Aを実施する目的を明確にすることであ

る。目的が明確になれば，当該目的を成し遂げるために，対象企業に何を期待するのか，つまり「対象企業への期待」が設定できるはずだ。また，ディールフェーズの本質は，目的達成のために対象企業を買うべきかどうか，精査をすることである。よって，デューデリジェンスによって，「対象企業の力量や文化」の見極めができるはずだ。

　「対象企業への期待」と「対象企業の力量・文化」。これらの材料が揃えば，対象企業が子会社となった時の，ガバナンスの基本方針は決められるはずなのだ。子会社ガバナンスの基本方針が決まれば，PMIフェーズで基本方針を具体化していく。それは，親会社と子会社の役割と責任を，組織体制や規定に落とし込むことでもある。

【図表2－Ⅱ－2】子会社ガバナンス検討の流れ

M&A戦略	ディール	PMI
M&Aの目的の明確化 M&A戦略の構築	対象企業の事業精査 M&A戦略の検証	戦略の具体化 実行体制づくり
M&A戦略に応じた 子会社への期待を明確化	対象企業の力量・文化の 見極め	親会社・子会社の 役割と責任を組織体制・規定に 具体化

子会社ガバナンスの検討

【本節の押さえるべきポイント】

●PMIフェーズで生じる問題の原因は，M&A戦略フェーズにあることが多い
●M&A担当者は，M&A戦略フェーズからPMIフェーズまで，一貫して関与することが望ましい
●子会社ガバナンスの検討は，M&A戦略フェーズから始めるべき

プラスαのM&Aミニレクチャー：子会社ガバナンスの基本方針パターン

　前節では，子会社ガバナンスはM&A戦略フェーズから検討を始めるべきであることと，規律と動機づけのバランスを考慮して方針を決めることが望ましいと述べた。M&A戦略フェーズにおいて「対象企業への期待」を，そして，ディールフェーズにおいて「対象企業の力量・文化」を明らかにすることによって，子会社ガバナンスの基本方針を決めることはできる。ここでは，フレームワークを用いて，より具体的に子会社ガバナンスの基本方針を検討する方法について補足したい。

1　子会社ガバナンスは，コーポレートガバナンスとは意味が異なる

　ガバナンスというと，多くの人は，「コーポレートガバナンス」を連想するだろう。コーポレートガバナンスとは，"会社が，株主をはじめ顧客・従業員・地域社会等の立場を踏まえたうえで，透明・公正かつ迅速・果断な意思決定を行うための仕組み"を指す。

　一方の「子会社ガバナンス」は，親会社が子会社に効かせるガバナンスの意味で用いられる。簡単に言ってしまえば，**親会社と子会社の間に設けられたルールのことだ。**M&A後，親会社と子会社は共に戦略の実現に向けて経営活動に取り組む。もし両者の間にルールがなければ，判断基準がその時々で変わったり，子会社が勝手に行動して足並みを乱したりするおそれがある。

　子会社ガバナンスは，M&Aの目的達成を見据えて決めるべきだ。M&Aの目的を達成するには，前提として，子会社の能力を最大限に引き出すことが必要である。そして，子会社の能力を最大限に引き出すのが，アメとムチのバランスを取り入れたルールだ。つまり，子会社ガバナンスの本質は，規律と動機づけのバランスである。

2　子会社ガバナンスで失敗するのはなぜか？

　実際，規律と動機づけのバランスを考慮して，その子会社に適したガバナンス方針を策定することは，単純ではない。

　よくある失敗として，親会社が子会社を厳格にコントロールしすぎるケースがある。子会社を親会社のやり方でガチガチに管理してしまうと，子会社の強みを潰したり，抵抗勢力を生み出したりすることになりかねない。最悪，規律を押しつけられ居心地が悪くなった子会社のキーパーソンが，どんどん離れてしまうことも考えられる。そうなると，M&A戦略フェーズやディールフェーズで描いていたシナリオとは，大きくかけ離れたものになってしまう。

　また，厳格とは反対に，子会社を放任することによって引き起こされる失敗もある。「独立尊重」と言えば聞こえはいいが，子会社の技量に関係なく動機づけを優先してしまうと，子会社が好き勝手に振る舞うリスクを高めることになる。子会社による架空取引や不正会計，コンプライアンス違反などにより，大きな損失を被った親会社の例は，枚挙にいとまがない。

　子会社ガバナンスの内容は，対象企業の特徴や，親会社との関係性によって変化させるべきである。失敗しないようにするためには，やはりバランス感のある内容にする必要がある。それを設計するのに役立つのが，次に紹介するフレームワークである。

3　子会社ガバナンスの基本方針は４パターンある

　ガバナンスというと，細かい規定や責任権限の話になりがちだが，まずは大枠を決め，フレームワークに沿って，おおよその基本方針を決めることから始めるべきだ。フレームワークの縦軸と横軸にはそれぞれ，「対象企業の力量」と「自社との違い」を置く。

　この「対象企業の力量」とは，経営管理能力のこと。例えば，内部統制が

しっかりしているか，管理会計の精度が高いか等で判断できる。要は，対象企業がちゃんとしているかどうかだ。買い手企業よりも，**経営管理がしっかりされているならば，細かく口を出すようなガバナンスは余計なおせっかいになってしまうし，逆に，経営管理がイマイチならば，しっかり補強，カバーする必要がある。**

　一方，「自社との違い」とは大雑把に言ってしまえば，同業種か異業種かということだ。対象企業を同業種または異業種とみなすかは，「対象企業の事業内容に精通できているか？」を基準に考えるとよい。**対象企業の事業内容に精通できていれば，経営に口を出すこともできるだろうが，そうでなければ，口出しもできないし，口出ししてしまうと，対象企業から「何もわかっていないくせに」と，反感を抱かれるだけだ。**

　このように，「対象企業の力量」と「自社との違い」という観点によって，適切なガバナンスの内容は変わってくる。そして，これらの観点を組み合わせると，子会社ガバナンスの基本方針は【図表A】のように，4パターンに分けられる。

【図表A】子会社ガバナンスの基本方針

力量がある（≒経営管理力がある）	対等に切磋琢磨する □対象企業の手法を可視化し，積極的に長所を取り入れる □対象企業キーマンを当該機能のトップに据えるも吉	肝だけ押さえて任せる □目的達成を測るためのKPI (Key Performance Indicator) 設計とモニタリング方法が重要 □対象企業の優れた人材は積極的に親会社に生かす
力量がない（≒経営管理力がない）	親会社の経営の型で牽引する □親会社が積極的にシナジー創出に介入する □経営基盤の共通言語化ができれば，さらなるシナジー創出も可能に	子会社を経営支援する □親会社からエース人材を派遣し，戦略立案，事業管理に充てる □場合によっては，業界トップクラスの経営実績を持つ幹部人材をヘッドハント
	自社との違いが小さい （≒対象企業が同業種）	自社との違いが大きい （≒対象企業が異業種）

4　子会社ガバナンスの基本方針を決める意味

　このフレームワークを使えば，対象企業がどのパターンに当てはまるか，大枠の方向性を見極めやすくなる。例えば，大企業（親会社）が新たな技術を手に入れるために，従業員20人ほどのスタートアップ企業（子会社）を買収したとしよう。子会社には優秀な人材が揃っていて，彼らは自由な環境の中で仕事をし，好きな時間に出社・退社していた。

　それに対して，大企業である親会社は，規模もスタイルも全く異なるこの子会社を，「1日も早く自分たちの色に染めなくてはならない存在」と考えるかもしれない。しかし，このフレームワークで考えれば，この子会社は「力量のある異業種」に当てはまる。とすれば，当該子会社に対する適切なガバナンス方針は，「肝の部分だけ押さえて，後は子会社に任せる」のはずである。決して，親会社の論理を基に，自分たちのルールを押し付け，がんじがらめに管理することではないはずだ。

　なお，前節の40〜41頁でも述べたとおり，M&A戦略フェーズでは「対象企業への期待」，ディールフェーズでは「対象企業の力量・文化」が明確になるはずなので，その時点で，子会社ガバナンスの基本方針は設定できる。**子会社ガバナンスの基本方針の仮説は，M&A戦略フェーズでつくれるはずだし，ディールフェーズが終わるときには検証が終わっており，方針が決まっているのが理想なのだ。**もちろん，この"方針"もディールフェーズ終了時点の仮説にすぎないので，PMIフェーズで方針がブラッシュアップされる可能性があることは言うまでもないだろう。

　M&Aにおいて子会社ガバナンスは重要な検討事項だが，「木を見て森を見ず」の状態になってはいけない。ただでさえ，情報の波にのまれてしまいかねない状況だからこそ，M&Aにおいて大方針を決めることは非常に価値あることなのである。

第3章

のれんの減損とM&A難易度

I 対象企業の属性とM&Aの性質

　これまで述べてきたように，M&Aの成否は，M&Aを手段として捉え，買収目的を明確にできるかどうかによる。しかし，それに加えて重要なのが，「対象企業の選定」であり，それが本書のテーマでもある。

　対象企業の選定が，なぜ重要なのか。それは，M&Aの性質は，対象企業の属性によって変わるからである。例えば，国内M&Aと海外M&A（クロスボーダーM&A），同業種M&Aと異業種M&A等。そして，M&Aの性質が違えば，当然にして，それらM&Aの難易度も変わる。つまり，対象企業がどこかによって，M&Aの難易度が変化するのだ。

　まず，本節では，対象企業の属性によって，どのようなM&Aがあり，どのような性質上の違いがあるか説明したい。

1　国内M&Aと海外M&A

　対象企業を，国内企業か海外企業かという属性によって分類すると，M&Aは，以下3通りのパターンに分けられる。

---

　①　IN-IN（イン・イン）取引
　②　IN-OUT（イン・アウト）取引
　③　OUT-IN（アウト・イン）取引

---

　①は，国内企業が国内企業を買収するM&Aを指す。買収目的は，事業の規模拡大，シェア拡大等で，取引件数は3つの中で一番多い。②は，国内企業が海外企業を買収するものである。国内市場の縮小から海外に目を向ける企業は

多く，それに伴いイン・アウト取引の発生件数は，増加傾向にある。③は，海外企業が国内企業を買収するものである。日本企業が持つ質の高い商品を生み出す技術力や開発力は，世界的に注目されており，買収対象となっている企業も少なくない。3つの中で取引件数は一番少ないが，件数も買収金額も増加傾向にある。

　②と③をまとめて，「クロスボーダーM&A」と呼ぶこともある。クロスボーダーM&Aは，その名のとおり国境を越えて実施されるM&Aのことである。クロスボーダーM&Aの性質として，買収金額規模が大きくなることが多く，何かと注目されやすい。金額規模が数兆円クラスになるケースも少なくなく，大規模M&Aとして，経済ニュースに取り上げられることが多い。

　また，クロスボーダーM&Aの性質としては，国内M&Aと比べて，難しいと言われている。「お国柄の違い」という点から，クロスボーダーM&Aに精通した人材が少ない，価値観や文化・言語の違いによって意思の疎通がうまくいかず子会社ガバナンスに苦労する，シナジー創出がうまくいかない等が，クロスボーダーM&Aの特徴として挙げられる。

2　同業種M&Aと異業種M&A

　次に，対象企業を，同業種か異業種かという属性によって分類すると，M&Aは，同業種M&Aと異業種M&Aに分けられる。

　同業種M&Aとは，買収企業と同じ業種に属する対象企業を買収するM&Aを指す。同業種であれば，属している業界の勝手がわかるため，M&Aの目的を明確にしやすく，要所を押さえたデューデリジェンスが比較的容易だ。また，同業種は「会社の文化が似ている」，「使っている設備が似ている」というように類似点が多く，PMIも円滑に進めやすく，早期のシナジー創出が期待できる。

　ところが，対象企業が異業種になると事情は異なる。類似情報が同業種と比べて明らかに少なくなるため，M&Aの難易度は上がる。同業種であれば，対象企業のビジネスのポイントをすぐにつかめても，対象企業が異業種の場合，

対象企業に対する理解が浅くなるため，証券会社や仲介会社作成のIM（Information Memorandum：売却対象企業の情報を詳細に記載した資料）を読めば，対象企業が実態以上に魅力的に見えてしまうこともあるだろう。

　また，異業種だと，買収目的が曖昧になりがちで，デューデリジェンスでは検証すべき論点を見落としてしまったり，浅い検討になったりしてしまう。そして，買収後になれば，対象企業の経営に口出しがしにくく，ガバナンスが効かせられない，あるいは，逆に親会社のルールを押し付けすぎて，対象企業のキーパーソンが離職してしまうといったことが，異業種M&Aでは起きやすい。

3　「異業種」を定義する

　これまでの説明を聞くと，「同業種・異業種とは，業種が同じか業種が異なる企業のことか」とイメージするかもしれない。しかし，対象企業を単純に業種分類することは，「M&Aの性質を把握する」という視点から見ると，必ずしも適切とは言えないことに留意したい。

　よく知られている分類方法というと，「東証33業種」を連想する人も多いだろう。これは，総務省設定の「日本標準産業分類」をベースに，証券コード協議会が作成した分類方法で，上場企業を33の業種に分類している。しかし，日本標準産業分類は，目まぐるしく変化する経済情勢の後をかなり後方から追っている状態で，現状に即した分類方法とは言い難い。

　「日本標準産業分類」は定期的に改定されているものの，前回改定されたのは2013年10月（2014年4月1日施行）。その際，「インターネット通信販売」をどう分類するかが問題として浮上したが，新たに改定されない限り，この問題は残されたままということになる。EC市場は，2010年から2021年の間に約7.8兆円から約20兆円と勢いよく成長しており，今後も拡大すると予想されている[1]。現状に即した分類が早急に必要であることは，言うまでもない。

1　経済産業省「電子商取引に関する市場調査の結果を取りまとめました」（2022年8月12日）https://www.meti.go.jp/press/2022/08/20220812005/20220812005.html

　また，多角化企業の場合，事業別売上高で所属業種が変わるという点も，異業種の定義を曖昧にしている。東証33業種では，「売上高が最も高い事業が属している業界」を基準に，多角化企業を分類している。しかし，1業種のみで，その企業の実態を把握するには無理がある。例えば，現時点では，東証33業種において，日清紡ホールディングス株式会社が属しているのは「電気機器」，オリックス株式会社に至っては「その他金融業」である。

　では，企業を機械的に同業種または異業種に振り分ける方法に限界があるのなら，どのようにして「異業種」を定義すべきか？　**本書では，単純な業種分類ではなく，自社とビジネスモデルの違う企業のことを「異業種」と定義した。**「ビジネスモデル」は，企業が収益を生み出すための仕組みであり，その骨子は「誰に何を提供するか」の組み合わせである。とすれば，ビジネスモデルが同じであれば，対象企業に対する理解は深くなり，ビジネスモデルが異なれば，対象企業に対する理解は浅くなる。

　具体的に，どのように対象企業を同業種・異業種と判断するかは，【図表3－Ⅰ－1】のマトリックスを使用する。

【図表3－Ⅰ－1】異業種判断のマトリックス

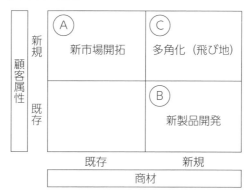

　この異業種判断のマトリックスは，経営戦略の方向性を検討する際に利用されている「アンゾフのマトリックス」がベースだ。アンゾフのマトリックスは，

顧客（市場）と商品・サービスという2つの軸で戦略の方向性を整理している。異業種判断マトリックスはこの考えを応用し、「顧客属性」と「商材」を軸として、それぞれ「既存／新規」を用い、4つのマス目を設定した。

　既存顧客と既存商材のマス目に該当する企業は同業種で、それ以外のマス目に該当する企業は異業種と判断して、異業種のマス目をそれぞれ整理すると、以下のようになる。

Ａ：新規顧客×既存商材
Ｂ：既存顧客×新規商材
Ｃ：新規顧客×新規商材

　異業種の中でも、ＡとＢは顧客または商材のどちらか1つが「既存」になるため、「隣接業種」と呼んでもよいだろう。一方、Ｃは純粋な新規事業であり、「飛び地（新たな事業の柱)」と定義した。

4　対象企業の属性によってM&A難易度は異なる

　このように、対象企業の属性によってM&Aの性質は異なる。そして、M&Aの性質によって、M&Aの難易度が変わるはずだ。つまり、**対象企業の属性によって、M&Aの難易度も変わるはずなのだ。**これは、**対象企業の選定結果によって、M&Aの難易度が変わることを意味している。**対象企業によっては、M&Aが簡単にもなるし、難しくもなるのだ。ここで重要なのが、買収目的の要素は入っていないということである。買収目的とは別の軸で、対象企業の属性によってM&A難易度が変わることを意味している。

　では、難易度の高いM&Aとは、M&Aのどういった性質によるものか？これまでの説明を踏まえれば、国内M&Aより海外M&Aが難しく、同業種M&Aより異業種M&Aが難しいと、何となく想像できるのではないだろうか。

そして，異業種M&Aにおいては，新規顧客×新規商材の組み合わせである，「飛び地」が一番難しいと考えるのが賢明だろう。

　しかし，この「何となく」は本当に正しいのか？　そして，難易度が異なるといっても，難易度の高低は，何をもって判断できるのか？　次節では，M&Aの難易度を定量化した研究調査結果を紹介したい。

【本節の押さえるべきポイント】

- ●対象企業を国内企業と海外企業に，あるいは同業種と異業種に分類すると，M&Aの性質の違いが浮き彫りになる
- ●「業種の違い」を「ビジネスモデルの違い」とみなせば，「異業種」が定義できる
- ●対象企業の属性によってM&Aの性質が違うので，M&Aの難易度も変わるはず

のれんの減損≒M&Aの失敗？

　過去に，早稲田大学大学院経営管理研究科の山田英夫教授と，「のれんの減損リスク」について，共同研究を行った。「のれんの減損」を「M&Aの失敗」に置き換えてM&Aの難易度の高さを定量化し，考察を行ったものだ。

　まず，本節では，のれんの減損とM&Aの失敗の関係性について説明したい。

1　「のれんが減損する」とはどういうことか？

　のれん（またはプレミアム）とは，対象企業の無形資産（ブランド力や研究開発力など）の価値を表す会計用語である。対象企業の買収に支払った金額と，対象企業の時価評価純資産との「差額」を指す。

　例えば，価値が100の企業の買収を検討しているとする。論理的に考えれば，買収価格は対象企業の価値と同じ100が妥当に見えるが，対象企業を買収することによって50のシナジー効果が期待できると判断した場合，それら効果を加味して，買収価格は120に落ち着くかもしれない。その時，120-100=20が，のれんとなる。つまり，対象企業自体（スタンドアロン）の価値と買収価格との間に生じる差額がのれんである。

　M&Aが成立し買収が実行されると，のれんは貸借対照表に「固定資産」として計上される。この時点でのれんは，会計上資産とみなされる。しかし，シナジーが思うように創出されないなど，何らかの理由によって「のれん分を投資回収できない」とみなされた場合，のれんは損失に転じる。この「回収できないとみなされた分」は，減損損失として計上される。これを「のれんの減損」という。

　主に，のれんの減損処理には，以下3つの会計基準が適用される。

・国際会計基準（IFRS）
・米国会計基準（USGAAP）
・日本の会計基準（JGAAP）

　いずれの会計基準も，のれんをどう償却するか，あるいはどう減損処理を行うかについて，その算出方法や減損の判定方法はそれぞれ異なる。3つの会計基準の違いについての詳細は，世の中に数多ある財務会計の教科書に譲るとして，ここで1つ留意していただきたい点は，のれんの償却方法に関する，日本の会計基準と他2つの会計基準の違いだ。

　日本の会計基準では，一定の期間を通じてのれんが償却される。この"一定の期間"とは，のれんの償却期間（最長20年間）である。一方IFRSとUSGAAPは，2023年1月現時点で，日本の会計基準のようにのれんの定期償却を実施するのではなく年に1回の「減損テスト」を行い，のれんが収益に貢献していないと判断された場合のみ，減損処理を行う。

　また，日本の会計基準では，原則は，建物の減価償却をするように毎年一定額ののれんをすり減らしていくことになるが，減損会計基準で定められている減損の兆候があった場合のみ減損テストが行われ，一定の割合で償却していった結果よりもその時点の価値が低いとの結果が出た場合は，その差額分を費用化（減損）することになっている。

2　のれんの減損が現在や未来に与えるインパクト

　考え方によっては，過去実施したM&Aによって発生したのれんは，"遺物"ともいえる。そのため，「のれんの減損は，過去の膿を出すようなものなのに，そんなに悪いものなのか？」と考える人は少なくないだろう。しかし，のれんの減損は軽視されるべきものではない。なぜなら，減損は「現在」や「未来」に悪影響を及ぼすものだからだ。

　IFRSとUSGAAPの場合，一度発生したのれんは減損されるまで貸借対照表に計上され続ける。つまり，のれんは資産でありつつも，何かのきっかけで負の資産に転じ得る，時限爆弾のようなものだ。つまり，**大型のM&Aを実施した企業は，巨額ののれんを抱えていると同時に，巨額の減損リスクも抱え込んでいることを意味する。**

　のれんの減損が発生すると，減損分は「特別損失」として計上される。のれんの減損が大きすぎる場合，当期純利益がマイナスになることもあるが，それに連動するように株価も減損前と比べて下落する。しかも，下がるのは株価だけではない。利益が小さくなれば，そこから株主に分配される配当金も減ってしまうことを意味する。

　こうしたのれんの特徴から，のれんの減損は自社の存続を脅かすだけでなく，投資家やアナリストにとってもマイナス材料となる。投資家やアナリストたちは，のれんの減損リスクが低い企業や，のれんの少ない企業に投資しようと考える傾向がある。それは，**のれんの減損は，よほど長期的視点で当該企業を見ている場合でない限りは，ネガティブなインパクトとなるからだ。**

　こうした事象が研究された論文もある。2つ紹介しよう。

- のれんの減損損失は，株式市場からマイナスの評価を受けるとともに，株価形成上有用な情報であるため，株価形成において，のれんの減損損失は統計的に有意なマイナスの説明力を持つ。
- のれんの減損損失情報が将来キャッシュ・フローと有意なマイナスの相関を示し，将来キャッシュ・フローの減少に対して予測力をもつ。

宮宇地俊岳「のれん減損サプライズをめぐる株式市場の反応」(2017)

- 減損損失が大きいほど，投資家はより大きなマイナスの反応を示す（株価が下落する）。投資家は減損損失の少なくとも一部は予期できておらず，決算発表時に減損損失が計上されたことに驚くようである。

> ・投資家が決算発表に含まれている有形固定資産の減損損失に対しては驚かない
> のに対し，のれんの減損は予期しておらず，それが大きいほど大きなマイナス
> の反応を示す（株価が下落する）。
>
> 木村晃久「実証分析―減損損失に対する投資家の反応と評価」（2017）

3　のれんの減損と，その発生要因

　ここまでに，「のれんの減損」はネガティブ要素であることを説明してきた。
では，「のれんの減損」が，買い手企業にとって避けるべき事象とすれば，「の
れんの減損」を「M&Aの失敗」とみなすことはできないだろうか？　仮に，
「のれんの減損」≒「M&Aの失敗」とすれば，特定の性質を持ったM&Aに係
る「のれんの減損の発生確率」が高ければ高いほど，当該性質を持ったM&A
は失敗しやすい，難易度が高いともいえる。また，「のれんの減損」要因を明
らかにすれば，「M&Aの失敗要因」を紐解くことにもつながるはずだ。

　そこで，まずは「のれんの減損」要因について考察してみよう。

　先述したとおり，のれんの減損は，買収価額よりも時価評価純資産額が低く，
投資回収できないと判断された場合に起こる。もう少し具体化すれば，IFRS
採用企業であれば，「回収可能価額」と「帳簿価額」を比較し，前者が後者を
下回った場合に減損と判断される。この「回収可能価額」とは，「使用価値
（その資産を使い続けることで得られると見込まれる，将来キャッシュ・フ
ローの現在価値）」と，「正味売却価額（買取価格から経費を差し引いた額）」
のうち高いほうを指す。

　減損処理を行う場合，帳簿価額を回収可能価額まで減額するが，その差額が
のれんの減損である。つまり，のれんの減損が発生する原因には，使用価値を
算定する際の「割引率」と，「将来キャッシュ・フロー」に起因するものがあ
る。それを前提にすると，のれんの減損が発生する要因は，以下のように因数
分解可能できる。

【図表3－Ⅱ－1】のれんの減損発生要因分解

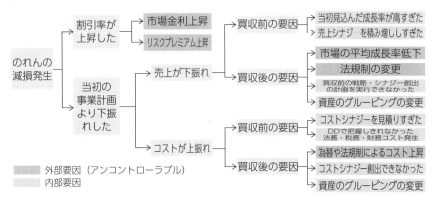

　　　外部要因（アンコントローラブル）
　　　内部要因

　発生要因は，「割引率が上昇した」場合と，「当初の事業計画より下振れした（将来キャッシュ・フローが買収時点と比べて減少した）」場合とに分解される。さらに細かくブレイクダウンしていくと，あらゆる要因が浮かび上がる。様々な企業のM&A担当者とディスカッションした結果，特に意見として多かったものを【図表3－Ⅱ－1】に示した。

　さらに，これらの要因は，外部要因と内部要因の2種類に大きく分類されることがわかる。言い換えれば，のれんの減損の発生には自社の力ではどうすることもできないものと，自社でコントロールできるものとがあるのだ。**のれんの減損を「不可抗力だった」と言う方もいるが，「内部要因」を見ると，「うまくやっていれば防げたかもしれない」と思うような内容も多いだろう。**

　次節では，M&Aの性質ごとに「のれんの減損」の発生確率を算出することで，どのような性質のM&Aが，M&A難易度が高いのかを説明していく。

【本節の押さえるべきポイント】

- ●のれんの減損は，「過去」の遺物ではなく，「現在」と「未来」にもネガティブなインパクトがある
- ●「のれんの減損」を「M&Aの失敗」とみなすことで，M&Aの難易度やM&Aの失敗要因を明らかにできる

●のれんの減損の発生要因は，外部要因と内部要因の両面があり，実は内
　部要因も多い

のれんの減損が生じやすい
M&Aの性質

　本節では，異なる性質のM&A別にのれんの減損の発生確率を算出することで，M&Aの難易度について考察していく。

　調査対象は，2018年3月末時点でIFRSを採用している国内企業である。なお，商社は，純投資として様々な業種に出資をしているケースが散見されたため，本研究の意図と照らし，分析対象外としている。

　1996年1月から2018年3月までの間に調査対象企業が実施したM&A，合計1,917件を調査し，性質別のM&A（「国内M&A」，「海外M&A」，「同業種M&A」，「異業種M&A」）におけるのれんの減損の発生確率を算出した。

1　国内M&A vs 海外M&Aと同業種M&A vs 異業種M&A

　まず，国内M&Aと海外M&A，そして同業種M&Aと異業種M&Aにおけるのれんの減損発生確率はいかほどか？　分母を「M&A件数」，分子を「減損したM&A件数」として算出し，それぞれ比較した。

⑴　国内M&Aと海外M&Aの比較結果

　国内M&Aと海外M&Aの比較において調査対象となったのは，国内M&Aの665件と，海外M&Aの916件であった。その中でのれんの減損が生じたM&Aは，国内M&Aが5件で海外M&Aは27件である。

【図表3－Ⅲ－1】国内M&A vs 海外M&A

M&Aの種類	M&A件数	減損したM&A件数	のれんの減損発生確率
国内M&A	665	5	0.8%
海外M&A	916	27	2.9%

のれんの減損発生確率は，国内M&Aが0.8％に対して，海外M&Aが2.9％となった。つまり，**海外M&Aは国内M&Aよりも難易度が高いといえる。**海外M&Aでのれんの減損が発生した要因として聞かれたのは以下のような内容である。

・当該地域や業界特有のリスクを見抜ききれなかった
・物理的距離の遠い地域へのガバナンスが効かせられず，期待していたようなシナジーを創出できなかった
・海外当局からの規制などカントリーリスクを侮ってしまった

⑵　同業種M&Aと異業種M&Aの比較結果

同業種M&Aと異業種M&Aの比較において調査対象となったのは，同業種M&Aの1,433件と，異業種M&Aの148件である。その中でのれんが減損したM&Aは，同業種M&Aが27件で異業種M&Aは5件である。

【図表3－Ⅲ－2】同業種M&A vs 異業種M&A

M&Aの種類	M&A件数	減損した M&A件数	のれんの減損 発生確率
同業種M&A	1,433	27	1.9%
異業種M&A	148	5	3.4%

のれんの減損発生確率は，同業種M&Aが1.9％に対して，異業種M&Aが3.4％となった。つまり，**異業種M&Aは同業種M&Aよりも難易度が高いといえる。**異業種M&Aでのれんの減損が発生した要因として聞かれたのは以下のような内容である。

・対象企業について理解が浅かったため，デューデリジェンスで対象企業の実態
　を十分に把握できていなかった
・対象企業の事業が想定したよりも複雑で，シナジー創出まで手が回らなかった
・対象企業のビジネスモデルを十分理解できていなかったので，対象企業の経営
　に口が出しにくかった

2　難易度に影響するのはエリアの違いか業種の違いか？

　上記では，国内M&A vs 海外M&A，同業種M&A vs 異業種M&Aをそれぞ
れ比較した結果を紹介したが，さらに，それらを組み合わせた場合ののれんの
減損発生確率を比較してみよう。

⑴　4つのパターンの比較結果

　パターン別のれんの減損発生率は，【図表3－Ⅲ－3】のとおりである。

【図表3－Ⅲ－3】国内・海外×同業種・異業種を組み合わせた場合

M&Aの種類	M&A件数	減損した M&A件数	のれんの減損 発生確率
国内×同業種M&A	566	3	0.5%
国内×異業種M&A	99	2	2.0%
海外×同業種M&A	867	24	2.8%
海外×異業種M&A	49	3	6.1%

　のれんの減損発生確率が一番高かったのは，海外M&Aと異業種M&Aの組み
合わせだった。一方で，一番低かったのは，国内M&Aと同業種M&Aの組み合
わせだった。これは，ここまでの調査結果を踏まえれば当然だろう。海外
M&Aでかつ異業種M&Aが難しそうであること，逆に，国内M&Aかつ同業種
M&Aがやさしそうであることはイメージもつきやすい。

　また，この結果においていえば，海外M&Aにおけるのれんの減損発生確率
は，同業種と異業種どちらの組み合わせでも，国内M&Aよりも高い。つまり，
クロスボーダーという性質は，異業種という性質よりも，M&Aの難易度に影
響を与えている可能性があるともいえるだろう。

(2)　国内×“飛び地”M&Aと海外×同業種M&Aの比較結果
　しかし，ここでもう少し解像度を上げて分析してみたい。“異業種”を本章
第Ⅰ節３で述べた異業種判断のマトリックス（「Ⓐ新市場開拓」，「Ⓑ新製品開
発」，「Ⓒ多角化（飛び地）」）に振り分けて比較してみよう。
　異業種判断のマトリックスで減損事例を分類すると，のれんの減損が発生し
た２件は，どちらも“飛び地”のM&Aであることがわかった。このことから，
海外×同業種M&Aと国内×“飛び地”M&Aを比較すると，【図表３－Ⅲ－４】
のような結果が得られる。

【図表３－Ⅲ－４】“飛び地”M&Aはリスキー

M&Aの種類	M&A件数	減損した M&A件数	のれんの減損 発生確率
国内×“飛び地” M&A	58	2	3.4%
海外×同業種M&A	867	24	2.8%

　国内×“飛び地”M&Aは，海外×同業種M&Aよりも減損の発生確率が高く
なる。つまり，異業種の中でも，“飛び地”は，M&Aの難易度を特に高めてい
ることがうかがえる。
　たとえ国内企業でも，親会社は既存商品も顧客も完全に異なる“飛び地”の
子会社に対してはガバナンスを効かせにくく，これがシナジー創出を難しくし
ているのかもしれない。しかも，その難易度は，既存商品は同じものの，文化
や言語，法律など全く異なる同業の海外企業を買収するよりも高いと考えられ
るのである。

　以上から，M&Aの難易度を高めているのは，「クロスボーダー」という性質よりも，「飛び地」という性質であると推察できる。

3　「どう買うか？」でも変わるのれんの減損発生確率

　ここまでは，どこの企業を買うかで，のれんの減損発生確率が変わることを示してきたが，最後に，実は"買い方"によっても，のれんの減損発生確率が変わることを説明する。のれんの減損発生確率は，「何を買うか」だけでなく，「どう買うか」にもよるのだ。

　対象企業を子会社化する買い方には，

---

　①　マジョリティ出資
　②　マイノリティ出資からの段階取得

と，大きく分けて2種類ある。

　①は，初めから出資比率50％以上を取得する買い方で，②は段階的に出資比率を増やして，最終的に出資比率50％超を取得する買い方だ。②は，対象企業との関係性を確かめながら，相手の様子も見ながら，シナジー創出がうまくいきそうであれば追加取得をして子会社化するという段取りで進められるので，リスクを抑えたM&A手法と言われることがある。

　しかし，本当に，マイノリティ出資からの段階取得のほうが，リスクは低いのだろうか？　これまでの文脈で言えば，マジョリティ出資より，マイノリティ出資からの段階取得のほうが，M&Aの失敗は抑えられるはずだ。つまり，のれんの減損発生確率は低いはずだろう。果たして，それが本当なのか確かめるべく，それぞれののれんの減損発生確率を算出してみた。

　なお，国内M&Aについては，分析対象数が少なかったため，海外M&Aを対象としている。算出結果は【図表3－Ⅲ－5】のとおりである。

【図表3－Ⅲ－5】マジョリティ出資 vs マイノリティ出資からの段階取得

M&Aの種類	マジョリティ出資			マイノリティ出資からの段階取得		
	M&A件数	減損したM&A件数	のれんの減損発生確率	M&A件数	減損したM&A件数	のれんの減損発生確率
海外M&A	916	27	2.9%	60	5	8.3%

　想定と反して，マジョリティ出資のほうが，のれんの減損発生確率が低いことがわかった。つまり，**マジョリティ出資によるM&Aよりも，マイノリティ出資からの段階取得によるM&Aのほうが難しいことを意味している。**

　マイノリティ出資からの段階取得によるM&Aが難しい理由は何なのか？マイノリティ出資で海外M&Aを実施し，のれんの減損が発生した企業にヒアリングしたところ，下記のような要因が聞かれた。

・マイノリティ出資期間中の関係性のままで，シナジー創出に向けた取組みが中途半端になってしまった
・マイノリティ出資中に，対象企業が投資に値しなさそうと気づいていたが，後に引けず追加取得してしまった
・マイノリティ出資期間が長かったので，デューデリジェンスが甘くなってしまった，あるいは，ほとんど実施しなかった

　これら要因が発生してしまう理由は何だろうか？　2つの理由が考えられる。
　1つ目は，**マイノリティ出資からの段階取得では，子会社の事業内容に大きく口出ししにくいという点**である。マジョリティ出資は，最初に大きな投資を伴うものの，上下関係が明確になるためガバナンスを効かせやすい。子会社に対して適度にガバナンスを効かせることができれば，「シナジー創出に向けた取組みが中途半端になりやすい」といった状況を回避できる。
　一方，マイノリティ出資時における出資比率は，50％以下。つまりこの段階

では，対象企業にとって買収企業＝親会社ではなく，対象企業が「（買収企業の）言うことを聞く必要はない」と思っていても不思議ではない。そこから出資比率を50％超に高めたとしても，これまでの関係性がすぐに変わることはなく，適切なガバナンスを効かせることが難しいことは想像にたやすい。

　2つ目は，**対象企業に対して，「よくわかっている」という油断が生まれやすいという点**である。しかし，実際には子会社化してから初めて気づくことは多く，マイノリティ出資期間では得られない情報も少なくない。それなのに，マイノリティ出資期間が長くなると，対象企業のことをよくわかっているつもりになってしまう。こうした"油断"が，のれんの減損発生に影響を与える可能性は十分あり得る。

　以上，のれんの減損発生確率を切り口に，マジョリティ出資と，マイノリティ出資からの段階取得を比較したが，意外に思われた点もあったのではないだろうか。もちろん，特に海外M&Aでは，投資額や資金調達との兼ね合いもあるため，一概にマジョリティ出資を推奨することはできないが，最初からマジョリティ出資を取得してガバナンスを効かせられるメリットについては考慮すべきだろう。

【本節の押さえるべきポイント】

●のれんの減損発生確率が高いのは，海外M&Aと異業種M&A
●「飛び地」という性質のほうが，「クロスボーダー」という性質よりも，M&Aの難易度を高める
●マイノリティ出資からの段階取得は，マジョリティ出資よりも，M&Aの難易度を高める

プラスαのM&Aミニレクチャー：
M&Aは結婚と似ている?!

　M&Aは専門的で素人には難解というイメージがあるようだが，実は，結婚にたとえて考えれば理解しやすい。M&Aプロセスは，結婚に至るプロセスと似ているのだ。もちろん，違いがあるのは当然として，大枠として「結婚」をイメージしておくと，M&Aプロセスの各フェーズの意味合いも腑に落ちる部分があるだろう。参考までに，結婚とM&Aをフェーズごとに照らし合わせてみよう。

1　「M&A戦略」フェーズは，いわば「婚活」

　婚活では，自分がどのような人生を送りたいかという理想像を描きながら，無自覚としても，結婚相手に求める条件を決めているはずだ。例えば，いつかは専業主婦として家を支えていきたい女性であれば，経済的な安定を男性に求めるかもしれない。一方で，今後もずっとバリバリ働いていきたい女性であれば，家事分担がしっかりとできる男性を求めるかもしれない。どちらが良い悪いではなく，その人が人生に望むものをベースに考えれば，自ずと結婚相手に求めるものも変わって当然だろう。

　M&Aも同様に，M&A戦略フェーズにおいて，そもそもの自社の戦略次第で買収目的が変わるし，対象企業に求める要件も変わってくる。そして，目的が明確であればあるほど，理想の相手が具体化される。ただし，理想が高すぎても相手は見つからないので，最低限これだけは譲れないという要件を決めることも重要だ。M&A戦略フェーズとは，誤解をおそれずに言えば，婚活をしっかりと計算高くやるようなものだ。根拠なき一目惚れはもってのほか……。

2 「ディール」フェーズは,「結婚を前提としたお付き合い」

　結婚相手候補が見つかった後は,（相手が了承すれば）「結婚を前提としたお付き合い」が始まる。この期間において,本当にこの人と結婚すべきか否かを見極めるはずだ。それは,この人と結婚することで,思い描いた理想の人生が本当に送れそうなのか否かを検証すること。また,相手に借金がないか,貯金はちゃんとしているか,あるいは,犯罪歴のような,人になかなか言えないような過去がないかまで調べることもあるだろう。自分で調査するかもしれないし,調査を専門家に依頼することもあるかもしれない。

　M&Aも同様に,ディールフェーズにおいて,デューデリジェンスという作業で本当に対象企業を買収すべきかを見極める。事業デューデリジェンスでは,対象企業を買収することで,買収目的が本当に達成できるか否かを検証する。財務デューデリジェンスでは,対象企業の財務状況が正常か否か。そして,法務デューデリジェンスでは,対象企業が法的リスクを抱えていないか否か（なお,バリュエーションに関しては,結婚でたとえてしまうと,相手を値付けすることになってしまうので,割愛する……）。

3 「PMI」フェーズは「新婚生活」

　そして,「新婚生活」は,育ってきた環境の違う2人が,家庭をつくり上げていく大事なオープニング。お互いが1人暮らしであったとすれば,新居で冷蔵庫はどちらのものを使うのか,あるいは,新しいものを買うのか,話し合いながら決める。また,お金の管理はどうするか,いくらまでの買い物であれば,相手に相談せずに買ってよいかなど,夫婦間のルールがこの期間に決まっていく。新婚生活で喧嘩する夫婦も少なくないと聞くが,はじめにそういった衝突があってこそ,その後の長い結婚生活が円満になるのではないか。

　同様にM&Aも,買った後・買われた後のはじめの1年間が重要だ。例えば,

両社が保有していたシステムはどちらを使うのか，あるいは，新システムを導入するのか，話し合いながら決めなければいけない。買われた子会社に投資権限・裁量をどれぐらい持たせるのかなど，親子間のガバナンスも大体決まってしまう。PMIで摩擦が生じるケースも少なくない。ここでも，新婚生活と同様にはじめに建設的な衝突があってこそ，その後の長い経営活動が円滑になる。

4　どちらも最初の"喧嘩"が大事

　余談だが，アメリカのテキサス大学の心理学者Lisa Neffによれば，結婚から半年以内に喧嘩をしていた夫婦ほど離婚率は低く，半年間で喧嘩をあまりしなかった夫婦ほど離婚率が高かったという。期間こそPMIと異なるが，本質は同じはずだ。**初期段階で決めておくべきことを決めること，そして，そのためには多少の衝突はあれども対話をしっかりすることが大事なのだろう。**

　また，「喧嘩」を経験しているということは，裏を返せば，同じ数だけ「仲直り」を経験しているということでもある。仲直りの仕方について知っていれば，その後の人生において衝突があったとしても，しっかり消化して前に進めるということなのだろう。M&Aにおいていえば，**それは「議論の仕方」**かもしれないと個人的には思う。議論の仕方を知らずして，経営課題の解決はできない。

5　結婚とM&Aの本質的な違い

　ここまで，結婚とM&Aの類似点について説明してきたが，明確かつ本質的な違いもある。それは，**結婚は，結婚する時点で離婚を想定していないのに対して，M&Aは，買収時点でケースによってはEXITを想定している**ということだ。

　結婚の場合は，（普通の人であれば）相手と一生添い遂げることを想定しているはずだ。一方，M&Aの場合，対象企業を買収して，永久に子会社として

保有しておくことを想定していないケースはある。口には出さなくても，心の内では，「EXITありきの買収」ということはあり得るはずだ。いざという時は，"売りやすい企業"がよいという経営判断がされて，買われた企業もあるだろう。

とはいえ，個人的な思いとしては，買収して一緒になったならば，狙っていたシナジーが創出できるよう全力で奮闘してほしいし，企図していたシナジーがなかなか出ないならば，「セカンドPMI」としてゼロからやり直すつもりで，買い手企業にはあってほしい。

【図表Ａ】M&Aと結婚

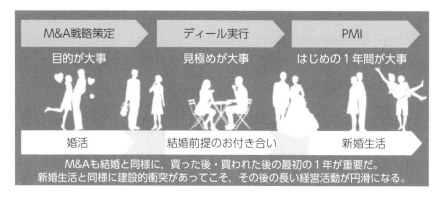

第 **4** 章

M&A難易度を決める要素

ディールに起因する難しさ

　前章では，M&A難易度について，のれんの減損を切り口に述べてきた。のれんの減損発生確率をM&A難易度の指標とした場合，国内M&Aよりも海外M&A，同業種M&Aよりも異業種M&A，マジョリティ出資よりもマイノリティ出資からの段階取得のほうが，M&A難易度は高いという結果を示した。

　では，「M&Aの難しさ」は，どのような場合に生まれるのだろうか？　前章では，定量化を図るためにM&Aの性質別で考察してきたが，本章では，ディール，進出エリア，対象企業属性といった，M&Aに影響を与える要素別にM&Aの難しさを考察していく。なお，考察材料は，企業のM&A担当者とのディスカッション内容であり，すべて実際にあった事例に基づいている。

　本節では，まずディールに起因して発生する難しさについて説明する。

1　入札案件で時間に余裕がない場合

　買収を進めるうえで，いくつかやり方はあるが，1つが入札案件だ。売り手に対して，いつまでに，どれぐらいの条件で買収したいかを提示する必要があり，そこには，他にも買いたいと考えている競合が存在している。"ビッド案件"という呼ばれ方もする。そういった場合，じっくりと買収目的を明確にして，それに沿って，デューデリジェンスを精緻に行い，バリュエーションはあらゆるパターンを算出し，プライシングについても吟味する……といった時間的余裕がないケースが多い。

　期日に間に合うようにディールフェーズを進めていく中で焦らされるせいか，本当に対象企業を買うべきかどうかの見極めよりも，入札という土俵に上がってしまった以上引き返せず，買収ありきで検討が進んでしまうことが散見される。そうなると，なるべく対象企業が割安に見えるよう，感じられるようにあ

らゆるものをシナジーとして織り込んでしまい，価格を合理化するという動機が働く。あれもこれもシナジーだといって，確度が低いものも数値に組み込まれ，バリュエーションの結果が高くなってしまう。

　また，売り手との間においても，入札案件は，いわゆる売り手市場なので条件交渉も難しくなる。仮に自社が買収検討を取り下げたところで，他社が買いたいという状況であれば，価格や条件に関しての要望があっても伝えづらくなるのは仕方ないし，そういった場合は簡単に譲歩してしまいがちだ。よくない仲介担当者の中には，本当は入札案件じゃないのにまるで入札案件かのように買い手側に説明して，早々に成約させようとするケースもある。不動産の内見をしているときに仲介担当者が，いかにも今申し込みの電話がきたかのように振る舞い，「今なら契約できます」と言うのと同じ構造だ。

　このように，**買うことありきで検討が進み，曖昧なシナジーが積み上げられ，たいした条件交渉もしないとなると，その先に待ち受けるのはのれんの減損である**。減損と言わずとも，掲げた想定シナジーの創出が難しくなることは間違いない。そういったM&Aが，後になって「失敗案件だった」と言われるようになる。相対なのか入札なのかでM&Aの難易度は変わるのだ。

2　マイノリティ出資から段階取得する場合

　これは前章でも触れた内容だが，マイノリティ出資から段階取得して過半数取得を目指すことは，一見リスクヘッジできているように見えるが，実際のところはそうでもない。マイノリティ出資から段階取得して子会社化した案件と，はじめからマジョリティ出資をした案件では，前者のほうがのれんの減損発生確率が高いのは，前章でも伝えたとおりだ。

　マイノリティ出資では，持ち株比率にもよるが，過半取れていないことには変わりがないので，対象会社に対してのガバナンスが効かせにくい。経営に対する規律づけができないことで，企業の業績は下がっていく。要は，対象企業を放置してしまっている状況だ。

　また，その関係性が長く続けば，マイノリティ出資から段階取得して子会社化する際，対象企業のことをよく知っている気になってしまい，油断でデューデリジェンスが甘くなってしまったという声も聞かれる。また，子会社化後でも関係性が変わらず，子会社のはずなのに親会社から経営について口出ししにくいということもある。

　マイノリティ出資は，買い手にとってうまくやっているように思っているかもしれないが，実際のところは，そうそううまくいったケースを聞くことは多くない。また，逆にうまくいったとしても，それは対象企業の業績が伸びたということであり，企業価値が高まったことを意味するため，そこで段階取得して子会社化する場合は当初の株価よりも高値で買うことにもなってしまうという考え方もできる。

　マイノリティ出資でリスクを抑えているつもりでも，実は，リスクが高いことをやっている可能性もあるし，実は割高で子会社化することにつながる可能性もある。むしろ，ポストM&Aにおいては，自身の首を絞めてしまうような悪手となる可能性もあるのだ。

3　大手企業からカーブアウトされた事業を買収する場合

　ある企業の一部が自社にとって魅力的であり，同時にある企業にとってはノンコア事業である場合，カーブアウト案件が生まれやすい。魅力的な当該事業を，他社の中で有効活用してもらうという意味では，買い手・売り手の双方にとってメリットのある手法ともいえるが，カーブアウト案件には特有の難しさがある。

　その事業がある企業の一部であれば，当然，本社機能を持っていない場合が多い。例えば，財務機能，経理機能，人事機能，総務機能等。それら機能はこれまで大元の企業が担っていたので，そこから切り出された事業は買い手企業に頼るしかない。買い手企業がそこまで見越していればよいが，そうでもないケースが多い。

　いわゆるスタンドアロンイシューともいうが，切り出されて独り身になった途端に困ってしまうというものだ。単純に，買い手企業の本社機能で補完すればいいのでは，と言う方もいるかもしれないが，そういった本社機能はウェットな部分があることも事実で，早々に新しい本社機能に馴染めるかというとそうでもない。例えば，経費精算のプロセスがこれまでと違ったり，人事評価の方法が違ったり，投資権限の財務方針も違うだろう。そこにすぐ適応できればよいが，不都合が生じるほうが可能性は高い。

　また，もともとの本社機能には営業サポート機能があって，そのサポートがあってこそ，その事業の営業力が担保されていたということであれば，切り出された事業の営業力は著しく下がるだろう。このように，実は対象事業の競争優位性は「親会社の本社機能にあった」というケースもある点に留意されたい。**カーブアウト案件の場合は，対象事業が何を本社に頼り，どこまで自分たちで完結できているのかを見極める必要がある。**

【図表4－Ⅰ－1】ディールに起因する難しさ

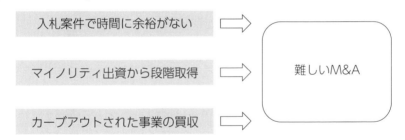

　このように，ディールに起因する難しさは確かに存在するのだが，留意すべきは，買収目的を考えている中では，難しさに係る議論がほとんど出てこないということである。**買収目的の議論とM&Aの難しさの議論が分かれてしまっているのだ。**いくら買収目的が美しく論理的であったとしても，ディールに起因した難しさをはらんでいるならば，そのM&Aを推し進めるかどうかは慎重に考えるべきだ。

【本節の押さえるべきポイント】

●入札案件で時間に余裕がない場合，買収ありきで検討が進みがち

●マイノリティ出資から段階取得する場合，油断しがち，口出しもしにくい

●大手企業からカーブアウトされた事業は，本社機能に依存していた可能性がある

進出エリアに起因する難しさ

　M&A難易度を上げる要素として挙げられる2つ目は，進出エリアだ。馴染みのあるエリアであれば，M&Aはやさしくなり，馴染みのないエリアであれば，M&Aは難しくなる。また，そもそも避けたほうがよいエリアもある。それらエリアの概念について整理したい。

1　これまでに未進出の地域の場合

　自社がすでに展開している地域であれば，当該地域の商習慣や文化に馴染みがあるかもしれないが，これから初めて参入する地域ともなれば，市場特性に関して，右も左もわからないことだってある。仕入先との交渉，物流会社とのやりとり，販路開拓の方法など，その地域の特性はあるもので，その特性を熟知しているかどうかで，その後の事業運営のやりやすさが変わる。

　一般的には，現地に詳しい外部人材を活用しながらデューデリジェンスを進めることが多いが，同業種である場合，「ビジネスはわかっている。所変われどもポイントは同じはずだ」という考えで，国内M&A同様にデューデリジェンスを内製化してしまう企業もある。そうなると，本来であれば精査すべきである商習慣が見逃され，ビジネス上のリスクについて検知できなくなる可能性もある。

　また，買収後，CEOをそのまま残さず本国から出向した人材がCEOを務める場合は，商習慣や文化がわからず苦労したという声も多い。ビジネス云々の前に，「メンバーの信頼を獲得するのにまる1年以上かかった」ということもザラだ。そうではなくCEOを現地で採用する場合でも，当該地域で重要な要素を把握しているかどうかで，人材要件も変わってしまう。

　未進出の地域の企業は買うべきではないとまでは言わないが，買収を検討す

るならば，いくら同業種といえども商習慣や文化が異なること，それがシナジー創出を難しくさせることには留意されたい。例えば，しっかり計画を立てて緻密に進める企業もあれば，ざっくり計画の修正ありきでとにかく進めてみることを良しとする企業もある。何が良いとされるかは，その地域の価値観によることがあるのだ。

2　これまでに未参入の事業領域の場合

　前章でも触れた内容だが，「未参入の事業領域」とは，いわゆる異業種の場合を指す。異業種M&Aは，同業種M&Aと比べて，のれんの減損発生確率が高い。また，海外M&Aと比べると，「飛び地」の場合であれば，異業種M&Aのほうがのれんの減損発生確率が高い。つまり，海外企業を買うことよりも，自社事業とは関連性がない事業会社を買うほうが，M&Aは難しくなるのだ。

　理由は，前にも述べたとおり，業種が異なればビジネスの要諦も異なるからである。ビジネスデューデリジェンスにおいて精査すべきポイントがわからず，事業上のリスクを見逃してしまう可能性がある。通常は，当該業種に詳しい識者をデューデリジェンスのアドバイザーに入れることが多いが，なまじっかM&A経験が豊富な企業だとデューデリジェンスを内製化して，後で痛い目に遭う。今や，どのような業種でも識者は比較的早期に見つかるので，異業種M&Aを進めるならば，外部との連携は必須だろう。

　また，買収しても，対象企業のビジネスがわからなければ，口出しをしようにもできない。その業種独特の押さえるべきKPIがはっきりしなければ，モニタリングも是正もできない。「独立運営を尊重する」のような言い方をしている企業も多いが，中には単純に「放置」になってしまっているケースも多い。そもそも，なぜそのような「飛び地」の企業を買う必要があったのか。おそらく，今後の事業展開を見据えたときに必要なパーツだったからのはずだが，少なくともガバナンスを効かせることは難しいと覚悟されたい。

　異業種M&Aは，これから新規事業の組成を企画したい，新たな事業の柱を

構築したいという場合には，有効な手段となり得ることは確かだ。今や，ゼロから社内で新しい事業を作り出すという会社は多くはない。やはり，でき上がった企業を買収するほうが時間もかからず，必要なリソースも一気に獲得できることは間違いない。ただ，それとともに難易度が高いことは知るべきだ。業種が違えば，文化も異なる。文化が異なれば，価値観も異なる。異質なものとどう折り合うか，その覚悟が必要だ。

3　対象企業がカントリーリスクの高いエリアにある場合

　ここまで触れた進出エリアに起因する難しさは，"馴染みのあるエリア"かどうかという観点だ。単純に言えば，馴染みのない地域であれば，M&Aは難しくなる。また，馴染みのない事業領域であっても，M&Aは難しくなる。一方，3つ目に述べる難しさは，馴染みのあるなしに限らず，そもそも難易度を上げてしまう要素が対象エリアにあるという場合だ。

　それは，いわゆる「カントリーリスク」というものを見れば，どれぐらいの難易度をはらんでいるのか推察することができる。カントリーリスクを把握するには，日本貿易保険（NEXI），スタンダード＆プアーズ（S&P），ムーディーズが格付けしているものが参考になる。政治リスク，経済リスク，社会リスク，自然リスクといった観点で総合評価され，格付けが決まっている。

　例えば，NEXIのカントリーリスク表では，AからHまでのカテゴリーがあり，アジア・中近東，ヨーロッパ，北中米，南米，アフリカ，オセアニアの6地域に各国が分類され，カテゴリー分けされている。アジア・中近東エリアを見れば，Aカテゴリーは日本とシンガポールだけだ。一方，Hカテゴリーには北朝鮮，パキスタン，イラン，イラク，シリア等が並んでいる。まずは，対象企業の営業展開エリアがこの表でどのカテゴリーに位置づけられているのかは確認すべきである。そして，「カントリーレビュー」というページでは，当該国のカントリーリスクに関してレビュー詳細が掲載されており，カテゴリーの評価が変わった場合は，その背景や根拠についても適時公開されている。対象

企業のカントリーリスクが高い場合には，必ず目をとおしておいたほうがよい
だろう。

　昨今，海外M&Aが増えてきたせいか，カントリーリスクが原因で失敗して
しまったというケースをよく聞く。例えば，外貨規制リスクについて把握して
おらず，実際に当該リスクが顕在化して業績にダメージを与え，減損が発生し
てしまったり，資本コストにカントリーリスクを織り込んでおらず，結果とし
てバリュエーションを高めに出してしまったり……。これらは知っていれば対
策を立てられることでもあるので，まずは，カントリーリスクというものがあ
り，それはインターネット上でも比較的簡単に把握できるということは覚えて
おきたい。

【図表4－Ⅱ－1】進出エリアに起因する難しさ

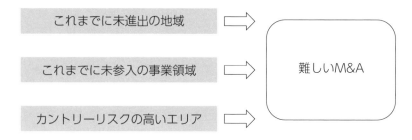

　このように，進出エリアに起因する難しさもいくつかある。ディールに起因
する難しさと本質的に違うのは，難しいとはわかっていても，他に選択肢がな
く，“乗り越えなければならない難しさ”である場合が多いということだろう。
実際，狙っていた対象企業がその地域にしかない場合や，その異業種に参入す
ることが戦略として決まっている場合等がこれである。ただ，難しいと認識せ
ずに臨むのと，難しいことを覚悟して臨むのでは，気構えが違う。外部の識者
や経験者の知見も借りながら，多面的に評価しつつ検討を進めていくことをお
すすめしたい。

【本節の押さえるべきポイント】

●これまでに未進出の地域の場合，自社との商習慣や文化の違いが発生する

●これまでに未参入の事業領域の場合，特に「飛び地」だと，対象企業のビジネスの要諦をつかみにくい

●対象企業のカントリーリスクが高ければ，入念な事前対策と覚悟をしておくべき

Ⅲ 対象企業属性に起因する難しさ

　M&Aの難易度を上げる要素として挙げられる3つ目は，対象企業属性だ。これまで説明したディールに起因する難しさ，進出エリアに起因する難しさは外部要因として括れるが，今回説明する対象企業属性は，その企業自体に起因する内部要因である。要は，こういう企業だったら，注意しようというものである。中でも特徴的な3つについて述べたい。

1　対象企業が，過去M&Aで規模拡大してきた企業である場合

　今は，ある程度規模もあり，それなりにシェアを誇る企業であったとしても，実は，過去にM&Aを繰り返して成長してきたという場合がある。特に，同業種企業を買収して規模を拡大してきた企業というのは，どの業界でも1つや2つ心当たりはあるのではないか。そういった企業と，既存の経営資源を利用して成長し，規模を拡大してきた企業では，大きな違いがある。**それは"統一性"だ**。

　例えば，M&Aを繰り返してきた企業は，これまでにいくつもの企業を束ねてきたわけで，会計システムや人事システム，社内ルールが複数存在する場合がある。特に，管理会計の仕組みに関しては，きれいに1つに統一されているケースは多くはない。そうなると，そういった企業を買収した後，シナジー創出の取組み以前に，数値の可視化に手間取ることになる。これは買収前には見えにくい部分であり，特段，財務諸表に現れない部分でもあるため，買収後に統一性の欠如に気づくケースが多い。

　そのような場合，買収後のプランとしては初年度からシナジー創出を目論んでいたとしても，そもそもの事業実態の可視化に工数がかかってしまうので，計画は遅れるか，頓挫してしまうのがオチだ。最終的には，のれんの減損につ

ながる可能性もあるだろう。**過去M&Aで成長してきた企業というのは，そういったバラバラ感をはらんでいる可能性があるので，買収後の経営も難しさがある。**

　一方で，既存の経営資源を利用して成長してきた企業というのは，統一されたコーポレート機能を土台に規模拡大してきた（はずな）ので数値の把握もしやすく，自社との統合に関しても，相対的に検討がしやすいのは確かだ。その統合をとおしてコストシナジーが創出できる可能性も考えやすい。要は，複雑なものより単純なもののほうが，M&Aにおいても取り扱いやすいのだ。

2　対象企業が，親会社が未上場，あるいは，ファンド傘下になったことがない場合

　先述した，過去にM&Aを繰り返して成長してきた企業の特徴とも似ているが，親会社が未上場，あるいは，ファンド傘下になったことがない場合も，買収後の経営が難しくなる。

　親会社が上場企業だった場合，ガバナンス上，子会社も経営の透明性が求められるため経営管理はきれいにされており，経営実態の把握がしやすい。一方，親会社が未上場企業だった場合，その傘下となる企業の透明性がどこまであるのかは未知数だ。もしかしたら，節税対策の単なる受け皿として使われている場合もあるだろうし，名ばかりの子会社という場合だってあり得る。時として，親会社の身内や近しい人間に経営を任せているという可能性だってあるだろう。

　また，対象企業がファンド傘下だった場合，ファンドの取組みによって，それ相応に経営管理はきれいに整理されているはずだ。KPIも設定され，中長期的な経営計画まで策定されているのが普通だろう。それがないと，適切なバリュエーションができないからだ。バリュエーションができなければ，ファンドとしてはEXITできない。一方，対象企業がファンド傘下になったことがない場合は，そういった"外部視点での整理"を受けてこなかった可能性が高く，経営管理は見るに堪えない状況かもしれない。決算書の数値を見ればわかるといっても，その数値背景まで決算書からは把握しきれないし，ましてや管理会

計の内容は見えない。

　これらは必ずしもそうだとは限らないが，**親会社が未上場，あるいは，ファンド傘下になったことがない場合は，可能性として，経営管理状況が見えにくいかもしれない**ということだ。やはり，単純でわかりやすいほうが，買収後の経営がしやすいのは確かだろう。そういう意味では，これらの属性を持つ対象企業の買収を検討するならば，経営管理がどこまでされているかは買収前に精査すべきだし，されていなければ，買収後の事業運営に難しさがあることは覚悟しておくべきだろう。

3　対象企業が複数国で展開しており，現地法人が各国にある場合

　最後に紹介する「対象企業属性」も，対象企業の経営管理を見えにくくさせる要因だ。M&Aを繰り返して規模拡大してきた企業というのは，複数の法人格の面影が残っている場合があり，それが複雑さを生んでいるということだったが，**対象企業が複数国に現地法人を保有している場合も，同様に複雑さを抱えている**。

　A国，B国，C国，それぞれで現地法人を保有している場合，実は，各現地法人で制度やルールが統一されているかというと，そうでない場合が多い。前節でもカントリーリスクについて触れたが，各国で商習慣や文化が違う以上，各現地法人で制度やルール，マーケットに対する考え方を紋切り型に完全に統一してしまうことは，離齬を生む原因になる。むしろ，各エリアにカスタマイズされたビジネスを展開するのが王道だろう。

　例えば，A国では雇用形態は終身雇用が一般的かもしれないが，B国では有期雇用が一般的かもしれない。またA国ではベースサラリーが多いほうが採用しやすいが，C国ではインセンティブを高めにしないと採用できないかもしれない。また，各現地法人で本国本社から，どれぐらいの投資権限を与えられるのが一般的なのか，考え方が異なるかもしれない。どちらが良い悪いという話ではなく，それは文化的，商習慣的な話であって，自社との“違い”を認めた

うえで，制度をカスタマイズしていくしかない。

　また，人事に限らず，マーケットにおいても違いはあるはずだ。A国では品質重視で，不良品はもってのほかかもしれないが，B国では品質よりも価格重視で，一定の不良率を許容しないと，採算上，ビジネスにならないかもしれない。あるいは，C国では品質も重視するが，消費者は包装にもこだわりがあり，そこにも工夫がないとそもそも商品が売れないかもしれない。現地法人によって，ビジネス上留意すべき点が異なるのが普通なので，各現地法人で考え方を統一してしまおうとすること自体に無理があるのだ。

【図表4－Ⅲ－1】対象企業属性に起因する難しさ

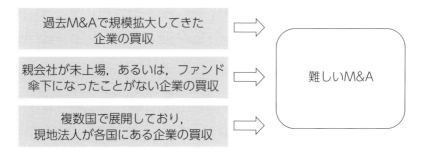

　このように，対象企業属性に起因するM&Aの難しさも複数存在している。M&Aにおいて必ずしも発生する難しさではないかもしれないが，**複雑さをはらんでいそうな企業を買収しようとするときには**，これまで述べてきたような理由で，**買収後の経営の難しさを理解しておくべきだろう。買収する対象企業は，単純明快で透明性があり，わかりやすい企業であるほうがよい**。そうでない場合は，事業プロセスの可視化や数値の可視化に対して，シナジー創出の前に時間と工数が取られることを覚悟しておきたい。

【本節の押さえるべきポイント】

●対象企業が，過去M&Aで規模拡大してきた企業である場合，制度や
　ルールが統一されていない可能性がある
●対象企業が，親会社が未上場，あるいは，ファンド傘下になったことが
　ない場合，経営管理が複雑な可能性がある
●対象企業が複数国で展開しており，現地法人が各国にある場合，各現地
　法人で価値観が異なる可能性がある

難易度の低いM&Aとめぐり逢う

　ここまでに，M&A難易度を上げる代表的な要素として，「ディールに起因する難しさ」，「進出エリアに起因する難しさ」，「対象企業属性に起因する難しさ」を説明してきた。いずれも，実際に私の周りの複数のクライアントが直面してきたことであり，実話に基づいている。では，こういった難しさがあるとすれば，M&Aを検討するうえでM&A担当者として教訓とすべきことは何なのだろうか？

1　M&A戦略において検討する「実現性」との違い

　M&Aの難易度を上げる要因を説明すると，「M&A戦略フェーズで検討した実現性では，こういった難しさは検討しないのか？」と聞かれることがある。たしかに，M&A戦略フェーズでロングリスト→ショートリスト→コンタクトリストと絞り込む過程では，既述したとおり，「実現性」を考えてきたはずだ。しかし，この「実現性」は，あくまでM&Aを成約させる際の実現性であって，そこで考慮している「難しさ」というのは，"実際に買収できそうか"という観点にすぎない。

　一方，M&A難易度を上げる要因に関する「難しさ」というのは，"買収目的が達成しやすいか"，"買収後のシナジー創出がしやすいか"という観点である。あるいは，"買収後にのれんの減損が起きにくいか"という観点ともいえる。つまり，同じ「難しさ」でも検討フェーズが異なるのだ。そういう意味では，M&A戦略フェーズで「実現性」を分析するだけでは，買収後のシナジー創出の「難しさ」まではカバーできていない。いくら成約させやすい案件だったとしても，買収後にシナジー創出に頓挫する可能性は十分にある。

　では，買収できそうかという観点の「実現性」を見るタイミングで，買収後

のシナジー創出の「難しさ」も合わせて分析すればいいと思うかもしれない。理論上はそのとおりだが，買収できそうかという観点の「実現性」を見るタイミングでは，まだ対象企業にアプローチしていないはずなので，買収後のシナジー創出の「難しさ」を分析できるほど，対象企業に関する情報が得られていないのが普通だ。そのため，買収後のシナジー創出の「難しさ」に関しては，対象企業と接点を持ち，相手のリアルな情報がわかってきてから，本当に難しそうか否かを判断するという考え方が現実的だろう。もちろん，事前にM&A難易度が評価できるに越したことはない。

【図表4-Ⅳ-1】2つの"実現性"

2　同じ目的を達成できるならば，難易度が低い M&A案件を選ぶ

　ただ，私が見聞きしてきた範囲においては，そういった買収後のシナジー創出の「難しさ」をわきまえずに，M&A戦略で掲げた目的達成を金科玉条のごとく死守して対象企業を買収しようとするケースが散見される。そこで，私が本書であえて言いたいのが，仮に同じような目的を達成できる手段が複数あるならば，難易度がより低い手段を選ぶほうが賢明ではないか，ということだ。

　本章で述べてきた「M&Aの難易度を上げる要因」を振り返れば，入札案件よりは相対案件が良いし，マイノリティ出資からの段階取得よりはできればマジョリティ出資が良い。お目当ての事業を持つ企業があれば，カーブアウト案件よりは企業を丸ごと買収したほうが買収後は楽かもしれない。馴染みのあるエリアで対象企業候補が見つかるならば，未進出エリアは避けるべきだし，異

業種参入が必須でないならば，未参入事業エリアは注意したほうがよい。また，複雑な企業にはなるべくタッチしないことである。単純明快でわかりやすい企業のほうが買収後の経営もやりやすい。

　こういうことを言ってしまえば，至極当たり前なのだが，こういった類の難易度の整理をしている企業は，ほとんど見かけたことがない。買収目的との合致度や，買収可否の実現性だけを評価するのではなく，当該対象企業にアプローチしてリアルな情報が得られた後には，買収後のシナジー創出の「難しさ」も相対的に評価してみること。それも買収目的を確実に達成するためには，必要な検討ではないだろうか。対象企業候補を1社だけ見てM&A検討を進めていくと，「難しさ」があることは認識しても，何とか知恵と工夫をこらして，頑張って乗り越えようとしてしまう。決して悪いことではないと思うが，もう少し"鳥の目"で見て，自分たちは相対的に難しいM&Aに挑んでいるのではないか，もっと相対的にやりやすいM&A（やさしいM&A）はないか，と考えてみるべきなのだ。

　そういった意味では，本書の後半でも説明する「買収必然性」という概念は知っておくべきだろう。本当にこの対象企業候補を買うべきなのか否か，他に対象企業候補はないのか。あるいは，他に魅力的な投資オプションはないのか。常に比較を繰り返すことで，目の前の対象が客観視される。M&A難易度についても，比較をすることで，より難易度の低いものを探す意識を持ちたい。

3　様々なタイプのM&A案件にめぐり逢うためには？

　では，難易度のより低いM&A案件にめぐり逢うためには，どうしたらよいだろうか？　単純な話でいえば，質の良いM&A案件情報を数多く獲得すること。「質が良い」とは，少なくとも，自社の戦略との適合性が高いということだ。そういった案件の数を増やせば，箸にも棒にもかからない案件数の割合を減らし，質が高く，かつ難易度の低い案件にめぐり逢える可能性も高まる。

　ただし，同じ情報の仕入れ方であれば，数を増やすにも限界があるだろうし，

似たような案件の数が増えるだけかもしれない。ということは，**必然的に，"合理的な情報の仕入れ方法"を複数持って活用できるようにしておけば，質が担保された，様々なM&A案件にめぐり逢える可能性が高まる**ということになる。大事なことは，対象企業の選定方法を複数持っておくということだ。

　自社の戦略との適合性を担保できる「対象企業の選定方法」は，大きく分けて2つある。1つが持ち込まれ型プロセスである。M&A仲介会社や金融機関から，こういった企業が売りに出ているが，買わないかと持ちかけられるもの。持ちかけられ，目ぼしい企業があれば，買収を検討していくことになる。言ってしまえば，「お見合い」のようなもので，紹介される形式だ。もう1つが口説き型プロセスである。こちらから，どういう企業を買うべきかを決めて，その要件に従って理想の企業を探して，見つかったら，タイミングを見つつ，声をかけていくというもの。もちろん，先方は売る気はないかもしれないので，頑張って口説いていく必要がある。

　これら2つのプロセスは，どちらが良い悪いという話ではない。対象企業を選定する方法が2通りあるということにすぎない。そして，**難易度のより低いM&A案件にめぐり逢うためには，この両プロセスを自由自在に使えるようになっておいたほうがよい。**ただし，両プロセスにおいて，それぞれ合理的に検討するための考え方がある。単純に，数多くの案件が持ち込まれればよいという話ではないし，気に入った企業にとにかくアタックすればよいという話でもない。合目的的に検討するポイントがあるのだ。次章から，それぞれの選定プロセスについて，これまでのコンサルティング経験を基にしたノウハウを公開していく。

【図表4－Ⅳ－2】対象企業選定のプロセスは2つある

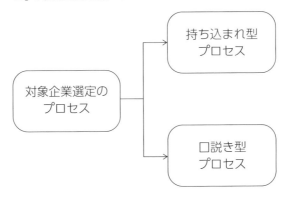

【本節の押さえるべきポイント】

●M&A戦略において検討してきた「実現性」では，買収後のシナジー創
　出難易度は評価できていない
●対象企業にアプローチしてリアルな情報が得られた後，買収後のシナ
　ジー創出の「難しさ」も評価するべき
●持ち込まれ型と口説き型の2つの選定プロセスを活用することで，様々
　なタイプのM&A案件にめぐり逢える

プラスαのM&Aミニレクチャー：
自社独自の「傾向と対策」

　本章では，M&A難易度を決める要素について解説してきたが，それら要素
は全体の一部にすぎない。本書では代表的なものに厳選して紹介したが，挙げ
ようと思えば他にも出てくるはずだ。そして，M&A難易度を決める要素は，
企業によっても異なる。ある企業によっては，その要素は難しさに大きく影響
を与えるかもしれないし，ある企業によっては，難しさには全く影響しないか
もしれない。

　つまり，企業によって，M&Aに関する「傾向と対策」は違うのだ。私が代
表を務めるMAVIS PARTNERSは，M&Aを基軸としたコンサルティングを得
意としており，M&A戦略，ディール，PMIと，全フェーズに関してコンサル
ティングを提供しているためか，「過去M&A案件の振り返りプロジェクト」
を依頼されることが多い。本書で紹介した難しさの要素も，それらのプロジェ
クトをベースに抽象化したものである。

　読者の中には，「過去M&A案件の振り返りを外部のコンサルタントに依頼
する会社は，どのような会社なのか？」，「きっと，M&Aこそいくつか経験し
てきたものの，全くうまくいっていない企業なのではないか？」，そう思う方
もいるかもしれない。しかし，実際は，**M&A経験が豊富な企業でM&A巧者と
言われている会社ほど，真摯に過去M&A案件の振り返りを行っている。**

　複数案件を横比較したとき，どうして，この案件はうまくいって，あの案件
はうまくいかなかったのか？　その原因はどこにあるのか？　PMIフェーズな
のか，ディールフェーズなのか？　はたまたM&A戦略フェーズなのか？　原
因仮説を立て，つぶさに検証していく。**誤解をおそれずに言えば，青臭く愚直
に内省し，自社の傾向をとらまえ，それらに対する傾向まで考えているのだ。**

　一方，やみくもにM&Aを行って大きくなった企業で，再現性がないのに根
拠なき自信のある企業ほど，「M&Aは相手ありき」，「我々には経験があるか

ら」，「知見はあるから」という理由で，振り返りをしない傾向にある。そして，いつの日か大きな失敗を経験する。そうすると，「思ったほどシナジーが出ていないのは，事業部が悪い」，「あの案件は特殊だから」と，他責で終わってしまう。

　こうした違いを見ると，M&A巧者と言われている企業は，そう言われるぐらいの水面下の努力をしていることが感じられる。普通であれば，M&Aでうまくいかなかった部分を外部のコンサルタントに開示することは憚られて当然だろう。しかし，そこに躊躇せず包み隠さずに情報を開示し，我々コンサルタントに「どこが悪かったと思うか，何でも指摘してほしい」と言うのだから，頭が下がる。

　そういった人たちは，漏れなく自分の考えを持っているが，非常に柔軟だ。「自分はこう考えているんだけど，田中さんはどう思いますか？」とか，「私の考えって，寄ってますかね？」とか，「何でもおかしい点は言ってください！」とか，平気でおっしゃる。前提として，自分の考え以外にもっと良い考えがあるはずだ，という謙虚さがあり，それを模索し続けているように思う。相手が誰だろうと，参考になる点は素直に受け入れ，自分のものにしてしまおうとする，"健全な強欲さ"があると思う。

　また，**成功した事象よりも，失敗した事象からのほうが，振り返ったときに得られる果実は大きいこと**に言及しておく。第1章でも紹介したが，「勝ちに不思議の勝ちあり，負けに不思議の負けなし」という言葉がある。これはM&Aにおいても同じだろう。やっていれば幸運にも成功することはあるだろうが，その勝因というのは，あくまで自分たちの仮説にしかすぎない。「きっと，あれをしたから勝てたのだろう」と思ったところで，それがあったから本当に勝てたのかどうかを，検証することはできないのだ。

　一方，失敗した場合というのは，何かしらやるべきことが抜けていたり，十分にできていなかったりする場合が大半である。それをはっきりさせ，同じ過ちを繰り返さないよう，次に活かすことで"失敗しない確率"を上げていくことのほうが，勝因をあれこれ考えるよりもよっぽど有益だ。クライアントの経

営者と議論しつつ，私も小さな会社の経営者の端くれとして思うのは，経営者として必要なのは成功することではなく，まずは大きな失敗をしないことなのではないかと日々感じている。

　本書の読者にも，自社のM&Aについて，真摯に振り返ってみることをおすすめしたい。過去のM&Aをしっかり振り返り，知見化までできている会社は，私が見ている限りでは非常に少ない。**自社ならではの難しさを生み出す要因に関して整理し，自社独自の「傾向と対策」を考えてみるべきだ。**それが，組織の知見化につながり，これからの競争力の源泉となる。

　ポイントは，"自社独自の"という点だ。他社事例ばかり求めても，自社に参考になるとは限らない。すべての会社には固有の状況があり，時代も環境も変化している。他社の成功事例を過度に意識しては翻弄されてしまうだけだ。M&Aを成功させたいのなら，他社を知る前に，まず自社の経験を振り返るべきだろう。

【図表A】

知彼知己者、百戦不殆

彼れを知りて己れを知れば、百戦して殆うからず。
彼れを知らずして己れを知れば、一勝一負す。
彼れを知らず己れを知らざれば、戦う毎に必ず殆うし。

現代語訳

敵情を知って身方の事情も知っておれば、
百たび戦っても危険がなく、
敵情を知らないで身方の事情を知っていれば、
勝ったり負けたりし、
敵情を知らず身方の事情も知らないのでは、
戦うたびにきまって危険だ

孫子
中国古代の武将
軍事思想家

(出所)『新訂 孫子』岩波文庫より引用

第 5 章

選定プロセス—持ち込まれ型

持ち込まれ型プロセスの全体像

　本章では，対象企業の選定方法の１つ目として，「持ち込まれ型プロセス」を説明する。持ち込まれ案件とは，M&A仲介会社等から紹介される案件のことだ。「目ぼしい案件にめぐり逢えない」というイメージを持っている方もいるかもしれない。しかし，持ち込まれ案件にも長所はあり，長所を生かして活用するのが賢明だ。本節では，まず，持ち込まれ型プロセスの全体像を説明する。

1　「持ち込まれ案件には期待できない」は本当か？

　「期待以上に良いと思えるような案件を紹介されたことがない」
　「こちらのニーズを踏まえずに案件を持ち込んでくるので，仲介会社にはあまり期待していない」
　このような声がよく聞かれる。
　M&A仲介会社とはその名のとおり，M&Aを仲介することを生業としている会社のことだ。買い手に対して売り案件を紹介し，あるいは，売り手に対して買い案件を紹介し，売買を成約させることで，手数料（着手金や成功報酬）を得ている。国内には，小規模なものから大規模なものまで，様々な形態のM&A仲介会社が存在している。
　買い手が真に求めている企業を紹介することが役割であるならば，M&A仲介会社は市場調査を徹底し，買い手の戦略をつぶさに分析し，買い手が求めている企業要件に可能な限り適合する案件を見つけようとするはずだ。もちろん，そういった真摯な姿勢を持つ仲介会社，仲介担当者もいるだろう。しかし，実際は，全員が全員としてそうとは限らないようだ。
　買い手企業の多くは，３社以上のM&A仲介会社とつながりを持つ傾向があ

り，随時複数の案件を持ち込んでもらっている。これは，目ぼしい案件に出会えるチャンスが低く，どうしても一定数を確保したいという理由からだ。実際に買い手企業の声を聞いてみると，「紹介された案件のうち，検討の俎上に上がるのは，１割程度しかない」という声が多かった。

　持ち込まれ案件に対して期待が持てないのは，それなりに理由がある。例えば，クロスボーダーM&A。国内市場に見切りをつけ，クロスボーダーM&Aに取り組む企業も少なくないが，持ち込まれ案件として紹介されるものは，国内企業に限らず，世界のあらゆる企業が買い手候補になり得る。ゆえに，持ち込まれた時点で，実は売れ残ったものという場合もある。「欧米で売れ残ったものでも，日本なら買ってもらえる」と言い切る者もいる。つまり，持ち込まれる時点ですでにイマイチな可能性があるのだ。

　また，質より量重視のM&A仲介会社が少なくはないというのも，持ち込まれ案件に期待できない理由の１つだろう。「数打ちゃ当たる」をモットーにしているようなM&A仲介会社や，買い手のニーズおかまいなしに案件を持ち込んでくる担当者がそれに該当する。複数の仲介会社に対して，「持ち込む案件の中で，本当におすすめできるというのは何割ぐらいか？」と質問したことがある。結果は，「１割程度」という回答が最も多かった。そこから考えても，やはり，目ぼしい案件に出会えるのは，１割程度なのだ。

　期待はずれの案件ばかり持ち込まれれば，やはり「期待しないのが一番」という結論になるかもしれない。「持ち込まれ案件にはほとんど期待できないならば，仲介会社に依頼するのをやめてしまおう」という選択もある。持ち込まれ案件で対象企業を探すことをやめれば，たしかに筋悪案件を持ち込んでくるM&A仲介会社に煩わされることもなくなるだろう。

　しかし，そうしてしまうと，自分たちで一から対象企業を探さなくてはならない。目ぼしい対象企業を見つけるには，膨大な情報を収集し分析する必要がある。幸いにも，見込みのある企業がいくつか見つかればいいが，反対に，いくら労力をかけたところで，望ましい対象企業候補を見つけられる保証はどこにもない。買い手企業にとっては，途方に暮れてしまう作業だ。

　一方，M&A仲介会社は，金融機関をはじめ法律事務所や税理士事務所など，独自のネットワークを形成しており，そこから売り案件情報を収集することができる。一般企業がインターネットで検索したり，信用調査を依頼したりしただけでは得られない情報を持っているのが強みだ。そして，M&A仲介会社の中には，業界に精通した担当者がいる。また，客観的な視点で買い手の戦略を分析できる担当者もいる。そういった担当がつけば，仲介会社をとおして，新たな気づきが得られるだろう。

2　事前に企業要件を設定しておく

　では，M&A仲介会社の強みを活かして，筋の良い案件を紹介してもらうためには，どうしたらよいだろうか？　受け身にならず，筋の良い案件が舞い込む確率を1割から2割にするにはどうすればよいか？

　それには，**"持ち込まれる案件の質をコントロールする"** という考え方が重要だ。質を上げるには，事前に企業要件を決めておくこと。ここでいう企業要件とは，対象企業に求める必要な条件である。"事前に"というのが重要であり，持ち込まれてから，当該企業が良いかどうかを判断してはいけない。**持ち込まれる前に，経営戦略に照らして，どのような企業を買収すべきかを具体的に考えておく必要がある。**それが「対象企業の企業要件」である。

　この企業要件があれば，当然にして，持ち込まれた案件の良否を判断できるようになる。要件と照らして，持ち込まれた案件がどこまでFitしているのか，あるいは，Gapがあるのか。そのFit/Gap評価がまさに良否評価である。これが自社としての判断軸になるので，M&A仲介会社がいくら魅力的な説明をしてきても惑わされることはなくなる。あくまで要件に照らして判断すればよい。

　また，事前にそれら企業要件をM&A仲介担当者に伝えておくことで，筋悪な案件が持ち込まれることを（ゼロにするとは言えないが）抑制することもできるだろう。「自社の戦略から考えて，要件Ａ，要件Ｂ，要件Ｃを充足している企業を探している。それ以外は検討するつもりはない。逆に，そうでない企

業を紹介したいならば，自社の戦略との適合性まで添えて持ってきてほしい」
といった内容を伝えれば，むやみに売り案件を持ち込んでくることは減るだろ
う。

　ただし，この「企業要件を充足した売り案件を持ち込ませる」というのは，
「持ち込まれ型プロセス」の入り口の話にすぎない。まだ，企業要件を充足し
ているという状況にすぎず，即買収の意思決定をするには早計だ。対象企業を
"点検"し，買収是非を見極めていく必要がある。そして，その際役立つのが，
持ち込まれ案件を見極める4つの観点だ。

3　持ち込まれ案件を見極めるための4つの観点

①　単体の魅力
②　戦略適合性
③　経済合理性
④　買収必然性

　持ち込まれ案件を見極めるための観点について，まずは全体像を説明しよう。

(1)　単体の魅力

　「単体の魅力」とは，対象企業自身が持つ魅力のことである。例えば，対象
企業が財務的に安定していれば，長期的な安全性を得られるという魅力がある
といえる。また，対象企業が自身の属している業界において有利なポジション
を確立しているならば，その対象企業には競争優位性という魅力があるといえ
る。

　本観点そのものを，対象企業に求める要件として使うことも可能だろう。

(2)　戦略適合性

　「戦略適合性」とは，その対象企業を買収することが，経営戦略に適合して

いるかどうかということである。そもそも経営戦略に適合しない対象企業を買収する必要はないはずだ。戦略適合性を見極めるには，「親会社の既存事業の強化につながるか？」，「既存事業とのシナジーがありそうか？」，「事業ポートフォリオが堅牢化されるか？」といった点から対象企業を評価する。

　本観点は，単体の魅力と合わせて，デューデリジェンス終了時点では，評価が終わっている必要がある。

(3)　経済合理性

　「経済合理性」とは，その対象企業を買収したら，結果として得をするのか損をするのかということである。買収価格が低く，対象企業の企業価値が高いほど，経済合理性があるという評価になる。そして，将来フリー・キャッシュ・フローが高いほど，割引率が低いほど，企業価値は高くなる。具体的な評価方法としては，DCF法やマルチプル法といったものがあるし，それらの中でも方法は細分化される（本書では，バリュエーションの算出方法ではなく，バリュエーションの意義や考え方について扱う）。

　本観点は，バリュエーション終了時点では，評価できている必要がある。

(4)　買収必然性

　「単体としての魅力」を備え，「戦略適合性」と「経済合理性」をクリアしたとしても，まだ買収意思決定をするには早い。果たして，その対象企業への投資が，最善のオプションなのか？　あるいは，買収以外の方法で，掲げている目的を達成できないか？　を確認すべきだ。もしかしたら，他に投資をしたほうが，リターンは大きいかもしれないし，買収ではなく，単なる協業でもよいかもしれない。

　本観点は，買収に関する最終社内稟議の時点では，評価できている必要がある。

＊　＊　＊

　このように，4つの観点で持ち込まれ案件を評価していき，すべてクリアし

たときに初めて買収意思決定をすべきだ。「ここまで慎重になる必要があるのか？」という疑問を持たれた方は，M&Aの影響力というのを今一度認識していただきたい。M&Aはあらゆるステークホルダーを巻き込む手法であり，自社だけに限った話ではない。**外部から問われた際，きちんと説明責任を果たせないようなM&Aはすべきではない**。どうして，この企業を買収するに至ったのか，理路整然と説明するにはこれらの観点が必要なのだ。

4　企業要件はどのレベルまで伝えるのが無難か？

　なお，M&A仲介会社にどこまで具体的に企業要件を伝えるべきかについて，特に決まりはない。企業によって考え方や状況は異なる。戦略を外部に一切流出させたくないような場合は，詳細な企業要件まで伝えないケースもある。逆に単体の魅力や戦略適合性の詳細（「こういうシナジーが得られるのであれば検討したい」など），さらに経済合理性の具体的な数値感（「買収価格は〇〇円まで」など）についても企業要件としてM&A仲介会社に伝えるケースもある。

　しかし，個人的な見解になるが，**最低でも「単体の魅力」はM&A仲介会社に伝えるべきだし，可能であれば単体の魅力に加えて，戦略適合性の一部も伝えたほうがよいと考える**。できるだけ明確に伝えることによって具体性が増し，ミスマッチが少なくなる。その結果，筋の良い案件を持ち込んでもらえる確率が高くなる。

　実際に，自社の戦略をしっかりと解説する場を設けて，さらに，単体の魅力とともに戦略適合性を企業要件として伝えることで，M&A仲介会社に目ぼしい案件を紹介してもらっている企業も存在する。持ち込まれ案件をコントロールするには，要件を定義し，M&A仲介会社から能動的に案件を持ち込んでもらう工夫が必要なのだ。

【図表5－Ⅰ－1】持ち込まれ案件を見極めるための4つの観点

仲介会社に企業要件を伝えて，「持ち込まれ案件」から「持ち込ませ案件」に変えていく。

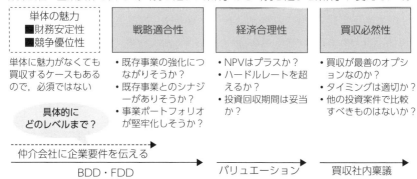

　以上，持ち込まれ案件の全体像を説明してきた。事前に企業要件を設定しておくこと，そして，見極めの4つの観点を持っておくこと。そうすれば，持ち込まれた案件に対して，リスキーな"一目惚れ"もなくなり，本当に買収すべきか否かの判断がしやすくなる。**「案件が持ち込まれる」**から**「案件を持ち込ませる」ようにコントロールできれば，たとえM&A仲介会社から紹介された案件でも，効果的かつ効率的にM&Aを検討できるようになる。**

　次節からは，4つの観点について1つずつ解説していく。

【本節の押さえるべきポイント】

●M&A仲介会社の独自のネットワークを活かして，筋の良い案件の紹介を増やしてもらう工夫はできる

●M&A仲介会社から目ぼしい案件を紹介してもらうためには，企業要件を伝え，能動的に「持ち込ませる」ことが必要

●持ち込まれ案件を見極めるための観点は，「単体の魅力」，「戦略適合性」，「経済合理性」，「買収必然性」の4つ

Ⅱ 単体の魅力

　持ち込まれ案件を見極める４つの観点の１つ目，「単体の魅力」を説明する。前節では「単体の魅力」はその会社自身が持っている魅力であると説明した。対象企業に求める「単体の魅力」をはっきりさせておくことで，M&A仲介会社もどのような企業を紹介すればよいか判断しやすい。「単体の魅力」は，M&Aを検討する第１ステップとして，しっかり具体化しておくのが望ましい。

1　「単体の魅力」の評価にはストックとフローを意識する

　「単体の魅力」はどのように評価すればよいか？　これまでの業績や将来性，業界における立ち位置など，いろいろな切り口で評価できそうではあるが，「ストック」と「フロー」の概念に分けて考えるとわかりやすい。対象企業の蓄積してきたものが魅力的なのか否か。また，対象企業が今から生み出そうとしているものが魅力的なのか否か。

　人にたとえるとわかりやすいだろう。ある人について，あくまで経済力だけに絞って評価しようとする場合，貯金と年収が評価材料となるはずだ。しっかり貯金（ストック）があれば魅力的といえるし，十分な年収（フロー）があれば魅力的といえる。ただし，貯金だけあっても，年収が低ければ不安だ。その逆もしかりで，いくら年収が高くても，貯金がゼロ，あるいは借金をしているようでは，経済力があるとはいえない。貯金（ストック）と年収（フロー）の両方があってはじめて，魅力的だといえる。

　これを企業に置き換えて考えると，貯金は「財務基盤」であり，年収は「収益獲得力」である。「財務基盤」は，企業の過去のパフォーマンスの蓄積であり，ストックだ。企業の「これまで」を意味しているともいえる。一方，「収益獲得力」は，その業界における企業の競争優位性であり，フローだ。企業の

「これから」を意味しているともいえる。そして，「財務基盤」と「収益獲得
力」の両面が揃って，単体の魅力があるといえる。ストックとフローを意識す
ることで，企業の過去から未来までを評価することができるのだ。

2　財務基盤の評価

　「財務基盤」を分析する手法は多くあるが，「財務基盤が良い」というのは，
「財務安定性」があるということだ。シンプルにいえば，自己資本がしっかり
あり，これまでのストックとして利益剰余金が積み上がっていること，と私は
定義している。“基盤”と称したとおり，どっしり感があり，企業として安定
している状況をイメージしてもらえればわかりやすいのではないか。注意すべ
きは，資産があるだけでは財務基盤が良いとはいえないということ。貸借対照
表をイメージすればわかりやすいが，資産がいくら多くても，それは負債が多
い場合だってある。見せかけのどっしり感に騙されないようにしたい。大事な
のは，自己資本であることに留意されたい。

　ただ，そのような企業であれば，財務基盤の観点では魅力であることには違
いないが，そういった企業が売られる可能性が低いことも事実である。特別な
事情がない限りは，売却対象にはならないだろう。それにもかかわらず，買い
手側のM&A担当者と議論していても，財務状況を気にして，「BSが良い会社
じゃないと，買収したくない」という声もよく聞く。しかし，そもそも，そう
いった会社を買える機会は限りなく少ないので，財務基盤に関しては少し目を
つぶる程度の覚悟がなければ，買収できる企業は見つからない。たとえ，**債務
超過に陥っている企業でも，テコ入れ次第では，再び輝く可能性だってあるの
だ。**

3　収益獲得力の評価

　「収益獲得力」があるということは，その市場において「競争優位性」があ

るということだ。ある事業において他社よりも競争力があるということであり、過去ではなく、現在から未来の可能性を示している。つまり、競争優位性を分析することは、現時点において有望であるかどうかを評価することであり、将来もその市場において勝ち続けられるかどうかを評価することを意味する。

　競争優位性を評価するには、第1章「M&Aの正しい位置づけ」で説明した、3C分析と、Fit/Gap分析を用いる。市場の観点（Customer）と競合の観点（Competitor）から当該市場におけるKSFを抽出し、自社の観点（Company）と照らして、Fit/Gapを分析する。KSFとFitしていればしているほど、競争優位性があるということである。そして、Gapがあればあるほど、競争優位性がないということだ。KSFに対して、自社と照らして、Fit/Gap評価をすることが肝心だ。

　また、それらFitを強める、あるいは、Gapを小さくする方策が戦略ともいえる。なので、すでに骨太かつ具体的な戦略が描けているならば、将来的には競争優位性が"ありそう"だと考えることもできるだろう。特に、買い手側のリソースを活用してその戦略が実現可能になるならば、M&Aをとおして対象企業の競争優位性が高まるということであり、それがシナジーともいえる。

　なお、「シナジーは、相互にプラスの影響がないとダメだ」と声高に言う人がいるが、そういった制約をつけることに何の意味もない。「あれはシナジーだけど、これはシナジーではない」と、そんな区別をしたところで何も生まれないからだ。シナジーが創出されているというのは、1＋1が2より大きく

【図表5－Ⅱ－1】 3C分析とFit/Gap分析による競争優位性の評価

なっている状態。そう捉えるほうが，検討の可能性が拡がる。何をシナジーと呼ぶか？　という不毛な議論よりも，そのシナジーは実際に創出できるのか？を議論すべきであり，そのほうが実益に資する。

4　「単体の魅力」は，必須の観点ではない

　本節の冒頭で，対象企業に求める「単体の魅力」を具体的に設定しておいたほうが良いとは言ったが，実は必須ではないという点も留意されたい。単体の魅力はあったほうが良いには違いないが，必須とはしないほうが良い。単体の魅力を必須の観点としてしまうと，買収候補先の選択が狭まってしまう。単体に魅力がなかったとしても，買収する必然性がある場合もあるのだ。

　それは，戦略適合性の観点から，買ったほうが良いと判断されるケースである。例えば，その対象企業を買収することで魅力的なシナジー創出が期待できると評価できたならば，当該企業が多少借金を抱えていたとしても，親会社が手元に豊富な資金を持っていれば問題ないはずだ。また，当該企業に所属業界におけるプレゼンスがなかったとしても，当該企業とのシナジー創出が目的ならば，論理的に考えてプレゼンスの低さを重要視する必要性は低いはずだ。つまり，単体の魅力は，必須の評価観点とはならない。

　また，単体の魅力のある会社は，買収価格が高額になりやすいという点も重要だろう。当たり前だが，条件がよく，非の打ち所のない企業には買い手候補が多く集まり，価格がつり上がっていく。売り手側も，どの企業に売ろうか選び放題だ。できる限り，良い条件を提示してくれた企業に売りたいと思うのが普通だろう。そのような状況では，買収することすら難しくなってしまう。一方で，自社にとってはシナジー創出が期待できて魅力的であっても，どうも一部弱みがあるような企業のほうが買いやすい。要は，"ちょっと傷のある企業"のほうが，買い手候補間の競争倍率は低く，"お手頃"なのだ。ピカピカな企業が対象企業にふさわしいとは限らない。

【本節の押さえるべきポイント】

●単体の魅力は，「財務基盤」（≒財務安定性）と「収益獲得力」（≒競争優位性）の2つで評価できる
●「競争優位性が高い」とは，対象企業と，その市場におけるKSFとのFitが強く／Gapが小さいこと
●単体の魅力は，買い手企業が許容できれば，買収是非を判断する際の必須の観点にはならない

戦略適合性

　持ち込まれ案件を見極める4つの観点の2つ目は,「戦略適合性」だ。その名のとおり,その対象企業を買収することが自社の戦略と適合しているのかを評価する。人によって意見が分かれる部分かもしれないが,私は,4つの「評価の観点」の中でこれが最も重要だと捉えている。M&Aは経営戦略の手法の1つなので,そもそも戦略性がないようなM&Aはやるべきではない。M&Aの意義を説明するうえでは,この戦略適合性が骨格になるのは必然だろう。

　前節で説明した,1つ目の観点の「単体の魅力」は,あくまで対象企業単体の話であり,それが魅力的か,あるいは魅力的になり得るかという評価でしかない。そのため,買い手が誰であろうと,評価結果としては大きな違いは出にくいものだ。

　一方,本節で説明する2つ目の観点の「戦略適合性」は,買い手である自社を基軸として考えた時に自社の戦略に資するかどうかという評価である。つまり,自社の戦略の内容次第によって,評価が変わり得るのだ。言い換えれば,自社の戦略が明確でない限り,評価はし難いということでもある。そのため,単体の魅力と比べて,必然的に評価が難しくなるのが特徴だ。

　本節では,その戦略適合性に関して,評価の切り口を3つお伝えしたい。

1　既存事業の強化につながりそうか？

　まず最もわかりやすい切り口は,「既存事業の強化」だ。**対象企業を買収することで,なんらかの経営リソースを得られるはずだが,それが既存事業に貢献するのかどうか,という評価である。**そう説明すると,「では,同業種の企業を買収すれば,すべてこのパターンですね」という質問が来そうだが,一概にそうとも言えない。"業種"の定義にもよるが,たとえ,同業種と一般的に

みなされる企業であったとしても，保有している経営リソースがそのまま活用できるとは限らないからだ。

　例えば，コンサル会社Aがコンサル会社Bを買収するとしよう。一般的には，"コンサルティング"という括りで，同業種扱いされるので，コンサル会社Bの人的リソースをコンサル会社Aで活かせると考えてしまいそうだが，そもそも，コンサルティング業務の中身の違いによって，その会社に在籍しているコンサルタントの性質も異なるはずだ。コンサル会社Aが戦略策定を得意とする，いわゆる戦略コンサルティング会社で，コンサル会社Bがシステム導入を得意とする，いわゆるITコンサルティング会社だった場合，コンサル会社Bの人材が，コンサル会社Aで活躍できるかというと，決してそんなことはないのは想像にたやすいではないか。もちろん，逆もしかりで，コンサル会社Aの人材が，コンサル会社Bで活躍することも難しいことが想像できる。

　したがって，既存事業の強化につながるかどうかを評価するには，自社と対象企業の「事業内容の共通点と違い」をしっかり見極める必要がある。A社とB社の一般的な括られ方が，同業種だったとしても，それは外から見た話であって，実際のところ，中をしっかり比較すれば，事業内容が違っているケースが多いことに留意されたい。

2　既存事業とのシナジーが創出できそうか？

　次に紹介する切り口は，「既存事業とのシナジー」である。先述の「既存事業の強化」は，あくまで既存事業の延長線上でさらに規模を拡大，あるいは，質を向上できそうか，という評価をすることに対して，「既存事業とのシナジー」は，対象企業と既存事業の掛け算で，新しい価値が生まれそうかを評価するというものだ。

　いわゆる，垂直統合もこの分類の１つと整理している。例えば，外食企業が食材のサプライヤーを買収するような案件の場合，親会社である外食企業にとっては，安定供給化，仕入コスト削減につながり得るし，子会社である食材

のサプライヤーにとっては，安定収益化，供給量の平準化が期待できるだろう。また，連携を図ることで，特別原材料を用いた新商品の開発も可能になるかもしれない。こういった，買い手と対象企業におけるポジティブな効果が期待できることも，戦略適合性があるといえる。

　一方で，"シナジー"というワードは曲者であり，好き勝手に都合よく使われやすいので，注意が必要だ。特に買収判断をする際，買収価格が合理的であることを示すために，なんでもかんでもシナジーと言って，実態が到底なさそうな効果まで積み上げてしまうケースがよくある。そして，いつの間にかM&Aの目的が，"単なる協業"にとどまってしまう。協業でできることならば，M&Aをする必要はないはずだ。協業ではできないことだからこそ，M&Aをする意義がある。そういった"シナジーの罠"を回避するには，"シナジー"は，メインシナジーとサブシナジーに分けるべきで，メインシナジーは，「これが創出できれば，M&Aが成功したと言えるもの」に絞るべきである。魔法の言葉である「シナジー」にはぜひとも気をつけていただきたい。

【図表5－Ⅲ－1】シナジーを区別する

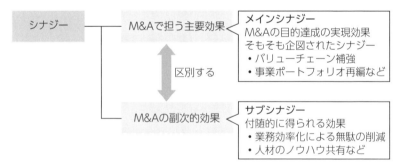

3　事業ポートフォリオは堅牢化しそうか？

　最後の切り口は，「事業ポートフォリオ」である。投資の世界では，"ポートフォリオ"という言葉に聞き馴染みがあると思うが，現金や株式，債権，不動

産など，バランスよく金融商品を持ちましょうという話だ。保有している金融商品が，例えば，特定の株式だけに偏重してしまうと，その株価が下落してしまったら，一気に評価損になってしまう。そこで，株式以外の金融商品もバランスよく保有して，リスク分散をしましょうというものだ。リスク分散することで，ポートフォリオは堅牢化する。

　これを複数の事業を持つ企業に当てはめてみると，同様のことがいえる。専業企業の場合であれば，属する業界が傾いてしまえば，全社収益は落ち込む。一方で，複数の事業を持っていれば，その他の事業がカバーして，全体としてはダメージも軽減され得る。あるいは，特定の業界が傾く時，逆に市場規模が拡大するような業界に係る事業を持っておけば，全体としてはプラスになるかもしれない。これがポートフォリオを組成するメリットだ（もちろん，全社の資本効率を上げるためにポートフォリオを組み替えるという考え方もあるが，ここでは，「ポートフォリオを堅牢化する」という文脈で，リスク分散を切り口に説明した）。

　この考え方を，企業買収でしてみるというのが，最後の切り口である。**既存事業に対して，それとリスク要因が異なる事業を保有する企業を買収すれば，事業ポートフォリオとしてはバランスが整い，何かよからぬことが起きたとしても，一本足打法の専業企業よりも，全体として堅牢化するはずだ。**また，すでに多角化している企業が，事業ポートフォリオの中身を入れ替える（リバランス）ための企業買収も，この切り口に当てはまる。これは事業戦略というよりは，全社戦略の視点なので，戦略適合性の中でも，「全社戦略に対する適合性」と考えてもよいだろう。

　なお，「既存事業の強化」，「既存事業とのシナジー創出」，「事業ポートフォリオの堅牢化」，これら3つの切り口は独立しているわけではなく，3つすべてを充足したM&A案件という場合もあり，そのほうが望ましい。なかなかそういった，戦略的に巧妙にフィットした対象企業を見出すことは難しいと思うが，少なくとも1つの切り口には当てはまらないと，戦略適合性があるとは言えない。もし今，検討中の案件があれば，3つのうち，どれか当てはまる切り

口がないか，ぜひ考えてみてほしい。

【本節の押さえるべきポイント】

●同業種といっても，既存事業の強化に必ずしもつながるわけではない

●メインシナジーを定義し，既存事業との掛け算でそれが創出できそうか
　を評価せよ

●全社視点で企業買収をするということは，事業ポートフォリオを組み替
　えるということ

Ⅳ 経済合理性

持ち込まれ案件を見極める４つの観点の３つ目は，「経済合理性」だ。経済合理性とは，その文字どおり，経済的に合理的と言えるかどうか。言い換えれば，採算の観点で得をするかどうかということだ。それを見極めるためには，企業価値算定，いわば，バリュエーションというものを実施するが，その数値結果をもって，経済合理性がある・ないと言うだけならば芸がない。少し会計とファイナンスをかじったことがあれば，誰でもできてしまう。本節では，もう少し深く，「経済合理性を評価する」ということはどういうことか述べていきたい。

1 そもそもバリュエーションとは？

まず，専門性があるように思われている“バリュエーション”について，業界の内側にいる人間としてどう捉えているかというと，**算出方法や前提方法によって，数値結果はいくらでも“変えられる”**ということだ。人によっては，「バリュエーションはアートだ」と言うこともあるようだが，数値計算といえども，最後は人の主観や意図が入ってしまうことを揶揄しているようにも聞こえる。

また，経験のある方もいるかもしれないが，「この企業のバリュエーションは，XXX百万円程度にしてほしい」と，アドバイザーやコンサルタントにオーダーを出して，いかにもいろいろ計算した結果その数値になったかのように，数値自体をつくることもできてしまう。DCF法やマルチプル法など，複数の算出方法を駆使して，レンジを出し，まるで知っていたかのような絶妙な数値に落ち着かせる技は，たしかにアートといっても過言ではないのかもしれない……。

　そう言うと，「バリュエーションの結果なんて，信用できないのですね」という人もいるのだが，そう言い切ってしまうのはもったいない。企業の価値を算定するとき，そもそも"企業の価値"自体が複雑な概念なので，価値の計測方法に正解があるわけがない。そして，計測方法を決めたとしても，前提の置き方次第で，算出結果が変わってしまうのは当然でもある。だったら，信用できないと切り捨てるのではなく，バリュエーションの性格を逆に活かすことを考えたほうが健全だろう。

【図表5－Ⅳ－1】バリュエーションのプロの生の声

クライアントが望む数値に合うように，パラメータを説明のつく範囲で寄せていくのが現実

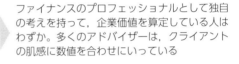

ファイナンスのプロフェッショナルとして独自の考えを持って，企業価値を算定している人はわずか。多くのアドバイザーは，クライアントの肌感に数値を合わせにいっている

事業計画の数表は，クライアントにExcelで絶対渡したくない

Excelの中身を見ると，根拠が乏しい数式だらけなことも多い。数表ができ上がるとそれらしく見えるが，中身は疑うが吉。

DCF法やマルチプル法，いろいろあるけど，"それらしい数値"をつくるための方法にすぎない

DCF法もマルチプル法も，理論的な限界があるのは事実。企業価値を正確に算定できる方法は，現時点で存在しない。だからこそ，いろいろな方法を組み合わせて，金額レンジを見る。

2　感度分析がモデルを組む醍醐味

　活かすことの第一歩は，DCF法を前提としたとき，NPVの数値がどのような要素で構成されているか，要素分解することだ。

　例えば，事業計画5年を引いていたとしたら，その5年で創出されるNPVがいくらで，継続価値としてのNPVがいくらか。これを見るだけでも，継続価値の割合が相当大きいことがわかるに違いない。ということから，割引率がNPVに与える影響，永久成長率がNPVに与える影響も肌で感じることができる。

　加えて，売上なのかコストなのか，そして，売上でも客数なのか，単価なの

か。コストでも，売上原価なのか，販管費なのか。さらに，その詳細費目のうち，どれがドライバーとなり，NPVの値がつくられているか，Excel上で可視化することができる。それができると，バリュエーションで算出されたNPVがどのような要素で構成されているのかがわかるし，その相対感を見ることで，どれが重要指標になるのかもわかってしまう。

　本来KPIとは，このように設定されるべきで，人の感覚や経験で決まるものではない。しっかりと数的根拠があってKPIは絞り込まれるべきだし，その根拠は，いつでも説明できるようになっていないとおかしい。KPIは重要業績評価指標とも言われるが，内外に対して，例えば，中期経営計画をとおして，これが会社として重視している指標だと示す機会もあるはずだ。であれば，それがどうして選ばれたのか，選定プロセスも重要なのは否めない。

　KPIが設定できたら，感度分析ができるようになる。例えば，KPIが2つだったとして，縦軸と横軸にそれぞれのKPIを置いたとき，それぞれのKPIの数値がどれぐらい前後したら，算出結果としてのNPVがいくらになるのかは比較的簡単にシミュレーションができる。別に難しい作業は必要としない。Excel上でKPIとなる指標部分に数値を当てはめてみて，最終結果のNPVの数値を確認して，1つひとつ転記していくだけでもできる。これが感度分析であり，KPIがどの程度の数値だったならばNPVがプラスになるのか，投資回収期

【図表5－Ⅳ－2】実際の感度分析アウトプットイメージ

価格の値上がり×仕入単価×稼働率別の投資回収期間

(各マス目の中は現在価値割引後の投資回収期間：年)

			価格一定			価格＋10%			価格＋20%		
			3年目以降稼働率								
			70%	90%	100%	70%	90%	100%	70%	90%	100%
仕入単価(kg/円)	2,300	2002年1-5月国内平均単価	21.9	13.7	11.7	24.7	15.3	12.9	27.9	17.6	14.5
	2,530	+10%	12.3	9.1	8.2	13.4	9.6	8.6	14.6	10.2	9.1
	2,760	+20%	8.9	7.1	6.5	9.4	7.4	6.8	9.8	7.7	7.1
	2,990	+30%	7.2	5.9	5.5	7.5	6.1	5.6	7.8	6.3	5.8
	3,220	+40%	6.1	5.1	4.8	6.3	5.2	4.9	6.4	5.4	5.1

間がどれぐらいになるのかといった“動的な分析”も可能になる。これはバリュエーションが，前提と算出方法によってブレることを逆に利用した手法だと私は考えている。

3　条件交渉の内容を数字で考える

　KPIで感度分析ができたならば，それが売り手企業との条件交渉で使える材料となる。M&Aは，対象企業が決まって，売り買いの値段が決まって，さぁ売買といったシンプルな案件ももちろんあるが，価格にさらに，条件が加わって交渉となるケースのほうが多い。KPI別の閾値がシミュレーションによってわかっていれば，例えば，対象企業の客単価がXXX円以上ならば買収するという考えもできるし，直近のコスト削減の取組みとして，販管費率がXX％以下ならば買収価格はXXX円まで上げるという考え方もできる。もちろん，交渉だけではなく，買収後の戦略に対する示唆にもつながるのは言うまでもない。

　要は，感度分析自体が，実際のビジネスにおける不確実性を数値化しているということであり，そのシミュレーションをしておけば，買収後のリスクも先読みできるということだ。本来，バリュエーションとは，ここまでを検討するものであって，単純に数値結果を算出するものではない。バリュエーションは，会計やファイナンスの多少の専門知識を使うこともあり専門家に任せてしまおうという会社も多いと思うが，それもあって，バリュエーションの担い手の中には，ただ数値結果を出すことをサービスとしてそれ以上の考察をしていないケースもある。そして，激安のFeeでバリュエーションを担うアドバイザリーやコンサルタントも増えてきているように思うし，それもあって「バリュエーションはコモディティ化した」と言われているのだと感じる。

　本来，バリュエーションは数値を1回出してみた後こそが重要であり，数値結果からの考察が肝である。定性的な戦略内容を数値化して示したものがExcelのモデルだ。そして，そのモデルを使って算出した結果を使って，KPIや戦略，交渉に活かすことができる。言ってしまえば，定性→定量→定性……

と繰り返して，物事は深められていく。バリュエーションの真価はここにあるし，それもわからずして，「バリュエーションができる」とは言ってはいけない。

4　要望をとおすためには相手を見る

　ここで，条件交渉について補足をしておきたい。先ほどの内容で条件検討ができたとして，それをそのまま売り手に突きつけるかというと，それはまた別の話だろう。こちらの要望をすべて素直に伝えたところで，相手から拒絶されてしまっては終わりだ。なので，要望ははっきりしても，どの程度の内容まで打診できるのかについて，悩むこともあるのではないだろうか。

　そういった場合には，考えるポイントが2つある。1つが，**売り手の売却動機**だ。意外と抜けてしまっている人も多いのだが，M&Aにおいて，先方の企業がどうしてこの企業あるいは事業を売却しようとしているのかは，正確に理解したほうがよい。例えば，今後自分たちがやりたいことを考えたときに不要になるから，売却を考えているのか，あるいは，資金が枯渇していて，早急に現金が必要だったから売却を考えているのか。この2つの例だけでも，売却動機は大きく違う。そして，売却動機によって，どこまで要望を打診できるかが違う。相手が売却をしなければいけない理由が強ければ強いほど，こちらの要望はのんでもらいやすいはずだ。そこをどこまで事前に想定できるかが，交渉のポイントになる。

　もう1つが，**売り手にとっての売却インパクト**だ。売り手が大企業で，その傘下の小さな会社を売却するのか，それとも，売り手にとってのコア事業を売却するのかで，インパクトが全く違う。売り手にとって些細な話であれば，こちらの要望を強めに打ち出したとしても，売り手にとってはその要望は誤差の範囲にすぎず，要望をのんでくれる可能性が高い。M&Aという場だから複雑に考えてしまいがちだが，これが単純なモノの売買であれば，誰でも納得できる話だろう。大手家電量販店において100万円クラスの大型テレビを買おうと

しているときに，数百円の値引きなど誤差にすぎない。

【本節の押さえるべきポイント】

●バリュエーションは，前提と算出方法によって数値結果が変わる"アート"だと割り切る
●バリュエーションの性質を利用すれば，KPIも客観的に設定できるし，感度分析もできる
●感度分析ができれば，条件交渉の内容を具体的に詰められる
●条件交渉前には，売り手の売却動機と，売却インパクトを把握しておくべき

買収必然性

　持ち込まれ案件を見極める4つの観点の最後は，「買収必然性」だ。これまで「単体の魅力」，「戦略適合性」，「経済合理性」と説明してきたが，最後の観点は，これまでの観点とは性質が異なる。買収検討時において，これまで説明した3つの観点は，誤った買収をしないために必ず評価すべきものだが，最後の「買収必然性」に関しては，必須というよりは，最後のダメ押しで確認しておくべきという位置づけだ。「買収必然性」を見なくても，M&Aはうまくいくことはある。ただし，逆に言えば，「単体の魅力」があり，「戦略適合性」があり，「経済合理性」があっても，買収すべきでないという場合があり得るということだ。それはどういうときなのか？

1　買収ではなく，自力のほうが良い場合

　1つ目が，そもそも買収して成し遂げようとしている戦略が，買収ではなく，自力で行ったほうが良い場合だ。例えば，自社がメーカーで，生産キャパ拡張のために，これまで生産委託していた会社の買収を検討していたとしよう。検討を進めていく中で，やはり自社の戦略には生産キャパ拡張が必要であり，本件の買収は戦略適合性があることがわかった。また，バリュエーションをとおして，KPIも設定し，今後の不確実性に関しても数値シミュレーションをしてみたところ，一定の経済合理性があることもわかった。しかし，自力で生産工場をつくった場合と比べてみると，ROI（投資利益率）が下がる，あるいは，買収後の事業運営が難しくなってしまうという場合はどうしたものか。

　これは理論的にも現実的にも十分あり得る話だが，買収検討が進むと，「これを自力でやったらどうなるのだろうか？」という発想で，いったん止まって考えてみることがなかなかできない。しかしながら，**対象企業の単体の魅力，**

戦略適合性，経済合理性を評価し，「買収妥当性」に関しては評価できたとしても，「買収必然性」に関しては，実は評価できていないのだ。妥当性があることが，必然性があることだとは限らない。だからこそ，最後に念のための確認をすべきなのだ。

　これはどのタイミングで検討する話かというと，遅くとも最後に買収案件の稟議にかける前にははっきりさせておきたい。おおよそのケースでは，「やはり自力じゃ無理，買収するのが良い」という結論にはなるのだが，買収必然性を確認している場合としていない場合では，その買収に対する意味が違う。買収後にいくら大変なことがあったとしても，「これは自力じゃできなかったことなのだから」と，自分たちを納得させる大義もできる。そういう意味でも，「これは買収じゃなくて，自力ではできないのか？」は，自問自答するべきだ。

2　他の投資オプションのほうが魅力的な場合

　2つ目が，買収という投資オプションよりも，他にROIの高い，かつ，確実性の高い投資オプションがある場合だ。そもそも，戦略というのは高い投資対効果を得るための方策でもあるため，戦略の手段であるM&Aは単なる投資オプションにすぎないという見方もできる。企業は，あらゆる戦略を考え施策を打ち取り組むが，それらはすべて，投じたものに対してより高い効果を得るためだ。そして，その比率が高ければ高いほうが良いし，もし資本コストより高くなければ，企業運営を続ける意味はない。

　だとすれば，買収検討時には，当該買収以外の投資オプションとしてより良いものがないかを検討すべきではないか。例えば，他の会社を買収したほうが投資対効果が高いのでは？　と考えることかもしれない。さらには，投資オプションは企業買収だけとは限らないので，不動産投資かもしれないし，人材に対する投資やシステム投資かもしれない。また，先ほど説明した「自力」による戦略だって，広義でいえば投資オプションの1つともいえる。それらと比べて投資対効率が良いのか，最後に確認すべきだ。そしてもしかしたら，買収す

る必要はなく，単なる業務提携であっても買収目的に近い内容が達成できるこ
とだってあるかもしれない。そうなれば，その浮いた投資額は他の投資オプ
ションに充てるべきという考えにもなる。

　このように，あらゆる投資オプションのうち，今，この金額を当該買収案件
に投じるべきなのかは当然考えるべきであるし，その根拠を説明できる必要が
ある。多くの企業，特に上場企業では，M&Aに関して中長期計画で記述され
ていたり，決算説明会で話されていたりするが，いつも思うのが，この企業の
現状において本当にM&Aが最良の投資オプションなのか？　ということだ。
私が見ている限りにおいては，そのM&Aが最良の投資オプションであるとい
う説明責任を果たせていない企業が多すぎるように思う。「積極的にM&A
を！」と豪語する企業ほど従業員の待遇がよくなかったり，組織のインフラが
整っていなかったりするのは気のせいか。M&Aをすべきでないとは言わない
が，M&A自体は摩擦と痛みを伴う手段には違いないので，M&Aをする必然性
を検討し切ることが重要だろう。必然性がなければ，最終意思決定は思いとど
まるべきだ。

3　時間的な制約は言い訳にならない

　このように説明すると，「言いたいことはわかるが，リアルなM&Aの現場
では，買収必然性なんて考える時間がないんだよ」と言う方々が必ず出てくる。
それもそうだろう。M&Aは相手ありきの話なので，相手の意向や反応次第で，
考えるべきことも，調べるべきことも，折衝すべきことも，山のようにある。
ただ，私が言いたいのは，「時間がないから，買収必然性は見ませんでした」
が通用するわけがないということだ。相手ありきの投資オプションだからこそ，
慎重に進めなければいけないし，最終判断をする時には，何ひとつ迷いのない
気持ちでサインしなければ，売り手企業や対象企業の相手にも失礼なのではな
いか。時間がないことは言い訳にならない。

　M&Aという仕事に関わっている以上，忙しくなるのは必然である。やるこ

とが多いし，考えることも多い。しかし，忙しさに憂慮する以上に，ステークホルダーそれぞれにとっても重要な取組みであることは間違いないので，買収必然性を最後に必ず検討していただきたいと思う。これまで紹介した「単体の魅力」，「戦略適合性」，「経済合理性」の3つの観点は，必ず検討したほうが良いものである。一方，本節で説明した「買収必然性」は，仮に全く考えなくても，買収自体はうまく進む可能性もある。しかし，念のための確認と，その買収意義をはっきりさせるためにも，最後に検討することを強く推奨したい。

　なお，買収必然性に関して，ここまで語気を強くして言うのは理由がある。コンサルティング業である弊社でも某企業を買収しようとした経験があるからだ。評価結果は，概観すれば，単体の魅力は△，戦略適合性は○，経済合理性は○というものだった。条件交渉次第では，経済合理性は◎にもなり得た。ただ，最後に買収必然性を検討してみると，必ずしも買収する必要はなかった。想定買収金額を使って，自社でもゼロから立ち上げができそうな事業内容だったし，そうすれば初期投資額としてはだいぶ抑えられた。ここで改めて実感させられたのは，「買収するなら，買収することでしか得られないものがある場合に限る」ということだ。

【図表5－V－1】買収必然性の位置づけ

【本節の押さえるべきポイント】

●単体の魅力があり，戦略適合性があり，経済合理性があっても，買収すべきでないという場合がある

●意思決定前に，買収ではなく自力でできないか，他に優良な投資オプションがないかは考えるべし

●時間がないのは当たり前，それでも全力で考え続けるのがM&Aという仕事

プラスαのM&Aミニレクチャー：
計画策定後３つの鉄則

　バリュエーションでは，Excelを使って企業価値を算出する。ただし，前提の置き方や算定方法によって算出結果が異なること，単発で数値を出して終わるのではなく，感度分析をすることの重要性，そこから条件交渉の材料や戦略検討ができることをお伝えしてきた。その補足として，バリュエーションの基となる事業計画について述べたい。

　よくある方法として，５年の事業計画をつくり，それをベースにバリュエーションで企業価値を算出するのだが，ひとつ忘れてはいけないことがある。それは，**バリュエーションの基となる事業計画は，"計画にすぎない"**ということだ。当たり前で言葉遊びのように聞こえるかもしれないが，これはバリュエーションの本質を突いていると思う。計画は計画にすぎないということは，そのとおりうまくいくかどうかはわからないということ。いくら美しい計画だったとしても，いくら実現可能性を加味して策定したとしても，100％その計画どおり物事を進められるとは限らない。

　つまり，事業計画を基に算出された企業価値は，前提と算出方法の違いによって算出結果がブレることに加えて，事業計画の達成度合いによっても影響を受けてしまうということだ。言い換えれば，**事業計画を実行するオペレーション次第で，事業計画を基に算出された企業価値が大きく下がることは当然にしてあり得るのだ。**

　ここから何が言えるか。まず，**第１に，事業計画を策定したからといって安心してはいけないということ**である。計画を実行してはじめて，狙っていた効果が出てくるわけで，計画をただ策定しただけでは，何も生まれない。何も生まれない計画は机上の空論にすぎない。クライアント企業を見ていると，事業計画を策定することに関しては，社内でも優秀な経営人材を充て，リソースも潤沢にかけているケースが多い。にもかかわらず，計画の実行フェーズになる

と，通常業務の一環として事業部に任せっきりで，会社としてのサポートも手厚くはない。それでいて，事業計画どおりの効果が出ないと，計画実行の担い手が責められる。

　M&Aにおいても同様で，M&A戦略策定フェーズにはリソースをかけて，ディールフェーズにも人的リソースと時間をつぎ込む一方で，PMIフェーズになると事業部に任せっぱなし。そして，M&Aの効果が出ないと，「PMIが原因だ」，「やはり企業文化の融合は難しい」，「M&Aは相手ありきだから」なんて，それっぽいことを言って終わってしまう。M&Aの各フェーズで担当者が変わってしまうこともM&Aの効果が出ない要因の１つではあるが，「計画」と同等かそれ以上に「実行」も重要である認識が持たれていないことも大きな要因だろう。

　第２に，計画の精度を上げることに執着しないということである。昔，先輩コンサルタントにこんなことを言われたことがある。

　「目指すべき方向が北だとして，クライアントの進んでいる方向が北西だとしても，しっかり進んでいるならそれでいい。でも，真逆の南に進んでしまっているならば，軌道修正しよう」

　若かった私は，「え，目指すべきが北なら，北に誘導すべきじゃないか。北西に進むと無駄も生じているのでは？？？」と思っていたが，今思えば，北西から北に正すことでクライアントのやる気や原動力が阻害されるぐらいなら，北西だろうと北東だろうと，少なくとも北のほうに向かっている限りは静観しておくのが賢明，ということだろうと思う。距離的には，北にまっすぐ進むのが最短であっても，そこに向かうスピードという変数まで加味すれば，北にまっすぐ進むことが最適解とは限らないのだ。

　これをもう少し合理的に理解するのに，私は，「計画×実行＝成果」という式を頭で描くことがよくある。計画が100％でも，実行が50％ならば，成果は50％。逆に，計画が80％で，実行が80％ならば，成果は64％。要は，いくら計画の質が良くても，実行力が伴わないならば，意味がないということだ。さらに，実行が限りなく100％に近くなるならば，計画の質が少し粗くても，わか

りやすく，巻き込む者を鼓舞する内容のほうが良いともいえる。

　第3に，1つの計画に固執せず，プランBを作成しておくということである。計画の精度を上げることに固執しないならば，粗い計画だけをつくって，後は実行力を担保することを考えるだけでよいというわけではない。まだできることはある。それは，その計画が破綻してしまったときに備えて，次善策をつくっておくことだ。1つの計画を100％の質までブラッシュアップすることに労力を費やすぐらいなら，それは80％ぐらいの出来でとどめて，プランBをつくることに時間を割いたほうが良い。1つの計画に固執してしまうと，何かやんごとなき事象が起きて計画が頓挫してしまったら，振り出しに戻ってしまう。

　例えば，劇的な環境変化によって，そもそもその計画自体に妥当性がないことが判明したり，計画時でできると思っていたことが，実際に実行段階になってみるとできないということが明らかになったり……。いくらでも，計画が頓挫してしまう可能性はある。ただ，その計画の頓挫可能性を完全に予期することは難しいだろう。また，実現可能性を高くするために，全く想定できないことに対して妄想を膨らませてあれこれ時間を使うことは賢明ではない。であれば，プランBをつくっておくほうがベターだ。プランBがあれば，当初の計画が頓挫したとしても，チームを解散せず，引き継ぐことも可能だ。

　また，プランBをつくることで，当初の計画との比較もできる。比較ができれば，双方のメリット・デメリットもはじめて比較ができる。それによって，単一の計画を策定するときと比べて，計画実行時の留意点も先んじて考察できる。言ってしまえば当たり前だが，比較ができないと，良し悪しは評価できない。比較できてはじめて，客観視できるのだ。

　これはM&Aの対象企業を選ぶ際も同様で，1社に絞り込んでしまうと，いわゆる"惚れ込み"が発生してしまう。そこで，比較として複数社の候補を横に並べておけば，各社の特徴も浮き彫りになり，本当にその企業がベストなのかどうかを考察できる。また，前節で説明したとおり，企業買収以外の投資オプションとの比較も有益だ。単純だが，「比較」は重要な分析手法なのだ。

【図表Ａ】計画策定後の鉄則３

①事業計画を策定して安心するな
②計画の精度を上げることに執着するな
③１つの計画に固執せずプランBを作成しておけ

第 **6** 章

選定プロセス―口説き型

口説き型プロセスの全体像

　前章では，対象企業の選定方法として，持ち込まれ型プロセスを解説してきた。"持ち込まれる"ということなので，受動的なプロセスである。それに対して，なるべく持ち込まれるものが良質な案件であるように，"持ち込まれ型"から，"持ち込ませ型"に変えていくのが重要と説明した。本章では，より能動的なプロセスである「口説き型プロセス」について解説していく。まずは，全体像から説明しよう。

1　戦略の方向性決め

　「口説き」なので，そもそも，どういう企業を狙うのかが重要である。持ち込まれ案件と違って，黙っていれば仲介会社等をとおして情報が運ばれてくるわけではない。自分で最良と思える対象企業を選び，口説いていく。そのために前提となるのは，自社の戦略の方向性だ。自分たちがどこに向かいたいかによって必要なリソースが異なるし，そのリソースを獲得するには自力で頑張ればいいのか，あるいは，他社のリソースを吸収したほうがよいのか（要は買収），当然にして判断は異なる。

　その意味で，もし自社の戦略の方向性がクリアになっていないならば，買収云々の前に，自分たちの目指す方向性について検討して設定しなければならない。これにはアンゾフのマトリックスというものを使って，狙うべき事業ドメインを見出していくのがおすすめだ。その「狙うべき事業ドメイン」が特定できてはじめて，当該ドメインに参入するにあたっての現状リソースとのFit/Gapが分析でき，今後必要なリソースや課題が明確になる。これがいわゆる「買収目的」として表現される。

　なお，自社の戦略がはっきりしない状態で，ただ規模を追求して企業買収を

する企業も実在はするが，決しておすすめできない。M&A自体を戦略と思っている経営者とも会ったことはあるが，これもおすすめはできない。M&Aは相当な狙いと入念な調査，強烈な覚悟がないとやるべきではないというのが持論だが，少なくとも，自分たちの戦略ぐらいははっきりしておくのが肝心だ。

2　対象企業に求める要件定義

　「M&Aの目的」が設定できたら，今度は「買収スタンス」というものを決めておくのがよい。スタンスというのは，「何かの行動をとる際の姿勢」という意味で，ここでは，買収を検討する際の自社の姿勢を指す。買収を検討するときに，自社としては，どのような前提でいるべきか。それを事前に決めておくことが重要だ。この買収スタンスは，買収目的とは独立して考えたほうがよい。例えば，自社がM&A経験が少ないならば，買収スタンスとしては100％子会社化を前提としておくとか，自社よりも規模がひと回り以上小さい企業を前提としておくとか，そういう事前の「決め」である。言い換えれば，"買収ポリシー"と言ってもよいかもしれない。対象企業が何であれ，自社として前提としておくべきことがあれば，事前に整理しておくのだ。

　「M&Aの目的」と「買収スタンス」が決まれば，買収先に求める要件が定まる。システム開発の現場で，"要件定義"という言葉がよく使われるが，同じ発想だ。事前に要件を決めておくことで，買収候補先のイメージが定まる。逆に，要件定義ができていなければ，関係者間でもイメージが定まらず，Aさんはこういう企業が買収候補先として理想だと考えていても，Bさんは全く違う企業を買収候補先として最適だと考えるかもしれない。事前の要件定義がなければ，候補先が定まることはあり得ないのだ。この要件は，前章の「持ち込まれ型プロセス」でも役立つ。仲介会社に要件を伝えておけば，筋悪案件が紹介されることも減っていく。

3　ロングリスト作成

　買収先に求める要件が定義できたら，その要件に合致する企業をリストアップする。インターネット上の調査データを使うこともあれば，識者インタビューで，該当しそうな企業名をストックしていく場合もある。ただ，リストアップする際，よく聞かれる声が，要件は定まったけれども，その要件に合致しているかどうか判断がつかないというものである。要件は具体的であればベターだ。後々で，それを使って対象をリストアップすることを見越せば，**要件が曖昧だと使い勝手が悪いのだ**。その場合は，代替要件を設定し直すしかない。

　例えば，自動車の購入を検討している際，理想の自動車としての要件を考えたとしよう。その1つの要件が，「乗っていると，自慢できる」だとした場合，この要件に合致する自動車をピックアップしようとしても，それは難儀だろう。どのような自動車に乗れば自慢できるのか，そこが定義されていない限り，場当たり的に自動車を見て，判断していくことになってしまう。なので，代替となる要件として，例えば，「外車で価格が500万円以上の高級車ならば，自慢できるだろう」と捉え直し，「外車で価格500万円以上」という条件で自動車をピックアップする。そうすれば，最初の曖昧な要件で探すよりも，該当する自動車を探しやすくなるはずだ。

　また，要件に合致する企業が全く見つからない，という声も聞くことがある。要は，あまりに理想的な要件を挙げすぎて，そんなものに該当する企業が世の中にないのだ。先の自動車の例で言えば，「外車で価格100万円以内，乗っている人が少ない限定車」なんて要件にしてしまったら，そんな要件に当てはまる自動車はないのは自明だ。**理想は高いほうがいいかもしれないが，反対に，譲れるポイントも合わせて考えておいたほうが，必須の要件に絞ることができるのだ。**

　このように要件は，ただ理想や要望を挙げればいいというものではなく，「後でピックアップするために使う」という点に留意されたい。

4　ショートリスト・コンタクトリスト作成

　要件に合致した企業をひととおりリストアップしたものを「ロングリスト」という。そして，そこから何らかの条件で絞り込んだものを「ショートリスト」という。そして，さらに絞り込んで，実際に口説くアプローチをかける候補先だけになったものを「コンタクトリスト」という。

　では，ロングリストからショートリストにはどう絞り込めばいいのか。そして，ショートリストからコンタクトリストにどう絞り込めばいいのか。これには考え方がいろいろあると思うが，**私のおすすめは，前者は魅力度で絞り込み，後者は実現性で絞り込む，**というやり方だ。

　魅力度というのは，その対象企業が魅力的であるかどうか。例えば，収益性が高かったり，自社とのシナジー創出が見込めたり等。一方，実現性というのは，買収できる可能性の高さだ。例えば，後継者不足に悩んでいるオーナー企業であれば買収可能性は高いかもしれないが，経営者がまだ若いベンチャー企業であれば，買収可能性は低いかもしれない。あるいは，売り手の財布事情によるところも大きいだろう。

　なぜ，魅力度で先に絞り込み，実現性は後で絞り込むのか。理由は，**魅力度は早々に変わらないが，実現可能性は変わる可能性が比較的あるからだ。**なので，魅力度の高い候補企業だけが載っているショートリストは重要である。実現性で絞り込み，コンタクトリストに絞り込んだとしても，定期的にショートリストは見直し，実現性についてはモニタリングすべきだ。

　なお，ロングリスト，ショートリスト，コンタクトリストの定義は，私によるもので，企業によっては，コンタクトリストがない場合，またロングリストとショートリストの定義が混在している場合等がある。なので，リスト名はあくまで1つの定義の仕方として捉えていただきたい。

【図表6－Ⅰ－1】口説き型プロセスの全体像

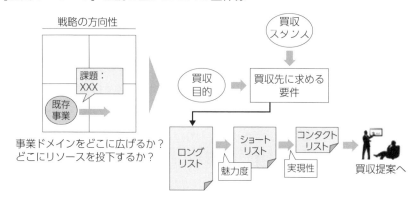

　このように，口説き型案件に関しては，一連の検討プロセスを経て買収候補先が決まる。理想的な対象企業をロジカルに検討していくため，手間はかかるものの，自社の戦略を基軸に検討しているため，合目的的な検討方法ともいえるだろう。

【本節の押さえるべきポイント】

●口説き型プロセスの第一歩は，自社の目指す方向性を明確にすること
●買収目的と買収スタンスから，対象企業に求める要件が決まる
●ロングリストから絞り込むには，まずは魅力度，そして，実現性

戦略の方向性を決める

　ここから個別論の説明に入る。まずは，「戦略の方向性決め」だ。対象企業に求める要件を設定するためには，「買収目的」を明確にする必要がある。では，戦略の方向性決めから，どのように買収目的を設定するのか？　できる限り，論理的に検討するための手順を解説する。なお，M&A戦略フェーズにおいて，戦略の方向性の検討から買収目的を明確にするまでのステップを標準化して解説している類書は他にないと自負している。

1　新規ドメインを見出す

　前節において口説き型プロセスの全体像でも解説したとおり，アンゾフのマトリックスを使うとわかりやすい。縦軸が「市場」，横軸が「商品・サービス」である。それらを，既存と新規に分けて，2×2マスで整理したものだ。おおよその戦略関連の書籍には必ず載っている，昔からあるフレームワークだ。ただ，これを知っていることと，実務で使えることには相当な乖離がある。理由は，縦軸と横軸の置き方に決まりがないからだ。縦軸を既存市場と新規市場，そして，横軸を既存商品と新規商品で分けたところで，何かわかるわけでもない。

　アンゾフのマトリックスが優れている理由は，既存の事業ドメインを"相対化"できることだ。市場あるいは商品を"ずらす"ことで，新しい事業ドメインが見出せないかと検討するときに活躍する。この時点で意外に思う人はいるのではないか。よくある声が，「アンゾフのマトリックスを使ってみたが，戦略の方向性なんて考えられない」というものだ。それは，そのように使えてないから，考えられないのであって，決してアンゾフのマトリックスのせいではない。フレームワーク頼りのマインドに原因がある。

　では，使えるようにするにはどうすればよいか。それは単純に「既存」と「新規」で分けるのではなく，既存と違う方向性が見出せるように，新規の名前を付けることだ。シンプルな例を挙げてみよう。

　自社が外食企業として，国内で複数の店舗を展開していたとする。その企業が，新しい戦略の方向性を見出すにはどうすればよいか。既存ドメインと違うドメインが見出せるように，縦軸と横軸を切ればよい。既存ドメインを「国内」×「外食サービス」と捉えるならば，その他のマスでは，「海外」×「外食サービス」というドメインも出るし，「国内」×「中食サービス」というドメインも出る。そして，新規×新規に当たる「海外」×「中食サービス」というドメインも出る。

　あるいは，既存ドメインを「オフライン」×「飲食サービス」と捉えるならば，その他のマスには，先ほどと違ったドメインが出てくるだろう。

　要は，既存ドメインの捉え方，軸の切り方によって，新規ドメインの切り出され方が変わるのだ。ということは，軸の切り方に唯一無二の正解があるわけではない。いろいろな切り方を試行錯誤して，複数の新規ドメインを見出していくこと。それが，アンゾフのマトリックスの効用である。そして，これがフレームワークを使うということであり，検討を深めるということだ。フレームワークは思考のツールにしかすぎない。知っているだけではダメで，使いこなせない限り，効果はないに等しい。

2　ドメインを3Cの観点で評価する

　複数のドメインが見出せたならば，それらを評価しよう。軸の切り方は複数あり得るので，マス目が2×2にならないことだって当然にある。なので，3×3ならば，全部で9ドメインを評価することになる。既存ドメインを含めて，どのドメインに注力・参入すべきなのか。もし仮に，既存ドメインが最も良いということであれば，既存ドメインにおけるシェア拡大にリソースを割いたほうがよい。これは，新規ドメインに行くべきではないという結論であって，そ

れはそれで目の前のことに注力するのが妥当であるということだ。

　では，複数のドメインを評価するには，どのような観点があるのか。一般的に考えれば，もちろん，そのドメインの市場規模が大きいほうが良いだろう。市場規模が小さいところにあえて参入するのは分が悪いのは確かだ。あるいは，今の市場規模はそれほど大きくなくても，時間軸を長くとれば，市場成長率が高く市場規模が今後大きくなるかもしれないドメインも有望だろう。

　そして，市場規模や成長率が良かったとしても，競争環境が激しかったらどうだろうか。果たしてその市場内で勝てるだろうか。これから参入する新参者が，既存プレイヤーに勝つのはそもそも至難の業である。ということは，競争環境も考慮したほうがよさそうだ。

　また，市場が魅力的で，競争環境としてもまだ勝ち得るとした場合でも，自社がアプローチしにくい領域だったらどうだろうか。例えば，規制産業で許認可が必要にもかかわらず，自社は持っていない場合などである。それは参入にはハードルが高いドメインということだ。

　このように，市場と競合と自社という3Cの観点で多面的に各ドメインを評価したとき，どこに参入するのが妥当と考えられるか。これがドメインの絞り込みになる。ただし，自社の観点については，評価としては劣後してよい。理由は，この時点でハードルが高いドメインだったとしても，M&Aによってそういった必要な許認可等のリソースを保有する企業を買収できる可能性もあるからだ。

　もう1つ留意すべきことは，ドメイン間の関係性にも着目することだ。特定の1つのドメインが有望だとしても，実は，「こっちのドメインに参入すれば，隣のドメインにも参入しやすくなる」という"連関性"ないしは"波及性"はあり得る。まるでドミノ倒しのようだが，一番前のコマが小さくても，そこを倒せば，軒並み後ろの大きなコマも倒れていくようなことは，ドメイン間でもあり得るのだ。

3　事業イメージに対する3C分析

　複数ドメインを評価して，このドメインに参入しようと決まったならば，なるべく具体的に事業イメージを持ってみるとよい。当該ドメインでは，誰に何を提供する事業なのか。もちろん，ドメイン評価時点でも，事業内容は想定しているはずだが，ここではもっと具体的に事業内容をイメージしてほしい。

　それによって，**当該事業に関して3C分析ができるのだ**。第1章「M&Aの正しい位置づけ」で解説した3C分析を実施することで，当該事業のKSF，そして，自社とKSFとのFit/Gapが考察できる。KSFとFitしていればしているほど，Gapが少なければ少ないほど，競争優位性があるということである。逆に，KSFとFitしていなければいないほど，Gapが大きければ大きいほど，競争優位性がないということだ。

　そして，自力で，Fitを強める，Gapを解消することは可能か？　を検討してみる。そのとき，仮に，必要なリソース・ケイパビリティを自力で確保できないという判断や，目標期間内に，目標水準に達することが自力だと難しいという判断ができた場合には，買収の必然性が確認できる。また，これまでの検

【図表6-Ⅱ-1】経営戦略からM&A戦略に落とし込む

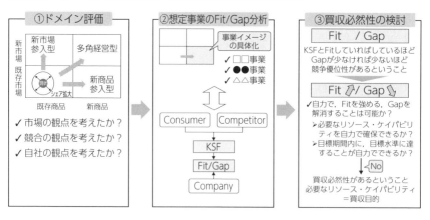

討によって，買収で得たいもの（必要なリソース・ケイパビリティ）は明らかであるはずなので，それが買収目的となる。

　このように，買収目的は，論理的に明確にしようとするならば，一連の検討が必要であり簡単に決まるものではない。大元の自社の戦略の方向性がないと，買収目的は決まるわけがないし，戦略上，買収が必要ない場合も十分あり得る。M&A自体が戦略の手段の1つにしかすぎないので，当然といえば当然だが，自社の戦略はおぼろげでありながら，M&Aを繰り返している企業が存在することも事実である。経営の考え方によっては，「買収してから考える」というのも1つのスタンスかもしれないが，M&Aがあらゆるステークホルダーに及ぼす影響に鑑みると，それはあまりに無責任ではないかと個人的には思うのだ。

【本節の押さえるべきポイント】

●アンゾフのマトリックスが優れている点は，既存の事業ドメインを"相対化"できること
●ドメイン評価においても，市場の観点，競合の観点，自社の観点と多面的に分析すべき
●ドメインから具体的な事業イメージまで持つこと。3C分析をとおして，買収目的が自ずと見えてくる

買収目的と買収スタンスで要件を設定する

　買収目的が定まった後は，対象企業に求める要件を定める。要件が決まっていなければ，買収候補先をやみくもに探すことになってしまう。要件なき探索は五里霧中。それでは，買収目的から，どのように対象企業に求める要件を定めるのか？

1　対象企業に求める要件とは？

　まず，「条件」ではなく，「要件」という言葉を使っていることには，しっかりと理由がある。要件と条件は意味が似ているようで異なるのだ。あらゆる条件のうち，これだけは不可欠なもの，それが要件である。**少なくともこれだけは揃っていないとダメというもの。何かを探すとき，見つけるとき，無意識にでも，いくつかの条件があるはずだが，その中でもこれは必須だというものが要件である。**例えば，「理想の家は？」という問いに対して，「都心3区」，「タワーマンション」，「90平米以上」，「駅徒歩3分以内」などなど，条件を挙げればたくさん出てくるかもしれないが，それらの条件のうち，絶対外せないものが要件だ。

　この要件をしっかりと設定するのは意外と難しい。要件を設定するということは，あらゆる条件の中から，最も大事なものを選ぶということであり，他は捨てても良いという英断をするということだからだ。そう言うと，中には，「うちは要件なんて決めてない。条件がいくつかあって，それらに対して点数づけをして，総合点を決めて評価している」という声も聞こえる。ただ，それはよく考えてみると，何が大事かの濃淡を決めずに，とりあえず点数づけをしただけであり，それらを合計したとて，何も意味がないだろう。**総合点でモノを選ぶときにモヤモヤを感じたことがあるかもしれないが，その理由は本質的**

な優先度を付けられていないからだ。

　また，殊に，M&Aの対象企業をピックアップするという文脈においては，条件が複数あっても，それらのすべてに合致した企業を探すことは至難の業であるし，現実的ではない。絞り込まれた「要件」だけあったほうが，最低限の条件を満たした企業がピックアップできるので都合がよい。後工程を考えたとしても，やはり，条件ではなく，要件を設定したほうが良いのだ。

2　買収目的から要件を考える

　要件を考えるうえで，インプットの1つになるのが，前工程で設定した買収目的である。前節の内容を少し振り返ると，ここでいう「買収目的」は，戦略の方向性に基づいて考えた場合，現在の事業ドメインから新たなドメインに移る際に必要となるリソースを獲得することになるはずだ。声の大きい人がそれらしく掲げたような買収目的ではなく，きちんと戦略検討からロジカルに逆算された内容であることが重要である。ここまで建設的に検討された買収目的ならば，明確にならないはずがない。

　そして，この買収目的の内容が要件につながってくる。「買収によって得たいもの」を持っていることが，対象企業に求める要件になるはずだからだ。例えば，戦略の方向性として，新たなドメインに参入する際，特殊な技術Aが必要になると見越せていたとしよう。そのとき，買収目的は，「その技術Aを獲得すること」になるはずだ。であれば，対象企業に求める要件は，「技術Aを保有していること」である。つまり，買収目的と，対象企業に求める要件は表裏一体と言ってもよい。ただし，それは，買収目的が明確であればこその話であり，もちろん，買収目的が曖昧であれば，要件もはっきりしないものになってしまうことに留意されたい。

3　買収スタンスから要件を考える

　要件を考えるうえで，もう1つのインプットになるのが，買収スタンスだ。スタンスとは，「何かの行動をとる際の姿勢」という意味で，ここでは，買収を検討する際の自社の姿勢を指す。**買収目的がなんであろうと変わらない，買収を検討する際の前提だ。**これも対象企業に求める要件の要素になる。ここでは，買収スタンスを検討するうえで，代表的な3つの観点を紹介しよう。

　まず1つ目が，予算感である。この買収検討において，予算はいくらとしておくか。戦略の方向性がいくら魅力的で，買収目的がいくら高尚なものだとしても，現実的に買収予算に制限がないことはあり得ない。不動産を購入するときも同じだろう。どのような目的で引っ越しするにしても，まずは懐事情があるはずだ。自己資金としていくらまで出せるか，金融機関からいくら借入ができるか等の資金調達面の話。どの程度の金額の買収ならば，BSが悪化しないかという財務の面。それは，買収目的の文脈と関係なく検討して設定できる前提なので，これは買収スタンスといえる。

　2つ目が，相手に求める自立性である。買収後に，対象企業を自社に吸収してしまうつもりなのか，あるいは，子会社としてぶら下げる予定なのか，対象企業のコーポレート機能は残すのか，親会社のほうに一括させるのか等。私は，これに関しても，スタンスとして決めておくべき内容だと考えている。そもそも，自社の企業文化が，プロパー社員だけだったり，企業文化として異物を吸収することに抵抗感があったりするのであれば，対象企業は子会社として一定の距離感を保っておいたほうがよいかもしれないし，経理財務機能やIT機能は親会社と子会社で分けておきたいという場合もあるだろう。それは，相手が誰だろうと変わらない買収スタンスだ。もちろん，自社の企業文化を変容させるために，あえて異質なものを取り入れるという考え方もあるので，この買収スタンスは，状況や考え方によっては変わることに留意されたい。

　3つ目が，自社のM&A経験度合いである。M&A経験が豊富であれば，対

象企業と同等にうまくやっていけるかもしれない。言い換えれば，適切なガバナンスも効かせられるかもしれない。反対に，M&A経験が乏しければ，対象企業との関係性に懸念は残る。であれば，“同等にうまくやっていく”という考えよりも，自分たちが親として，子を受け入れるぐらいの割り切りのほうが無難だ。具体的には，自分たちよりもひと回り以上小さい企業のほうが良い。そのほうが，関係性がわかりやすいからだ。第3章と第4章において，マイノリティ出資からの段階取得よりも，マジョリティ出資のほうがM&A難易度は低いと解説したが，同様の論理である。

　このように，対象企業に関係なく，事前に検討できる前提事項がある。それを「買収スタンス」と呼んでいる。「M&Aは相手ありきだから」と言う人も多いが，それはそれとして，自社としての前提を検討できないわけではない。前提も設定しないまま対象企業を検討しようとしても，右往左往してしまう。ただでさえ時間のない状況なのだから，事前の検討準備はしっかりしておきたい。

【図表6－Ⅲ－1】対象企業に求める要件の考え方

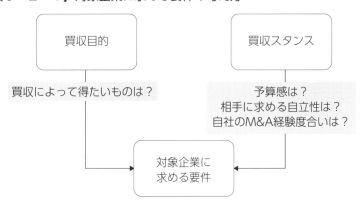

　このように，「買収目的」と「買収スタンス」という2つのインプットから，「対象企業に求める要件」が設定できるのだ。理由は，「買収目的」からは，戦略を実現するために“必須で得たいもの”が要件につながり，また，「買収ス

タンス」からは，対象企業に関係のない"買収における前提事項"が要件につながるからだ。両者の合わせ技で，対象企業に求める要件が絞り込まれていく。この要件を事前に十分に検討しておくことで，後工程の検討が効果的かつ効率的になる。

【本節の押さえるべきポイント】

●要件は条件と違う。あらゆる条件の中で外せないものが要件
●買収目的が明確であれば，その裏返しが対象企業に求める要件になる
●M&Aに対する自社としての前提があれば，それが対象企業に求める要件になる

Ⅳ ロングリストを作成する

対象企業に求める要件が設定できたら，その要件に合致した企業をピックアップしていく。企業によって，「ロングリスト」の意味も，つくり方も違いはあるだろう。また，ニッチな業界であれば，ロングリストを作成するほど対象となる企業も数がないかもしれない。ここでは，そういった特殊なケースは無視して，標準的なケースを前提にロングリスト作成について説明する。

1　対象企業に求める要件はわかりやすく言い換える

簡単に言えば，要件に合致した企業を探して，リストアップすればそれがロングリストになる。**要件に合致するか否かを判断する基準は，わかりやすく，客観的にわかるものが良い。**例えば，売上が100億円以内の規模ということであれば，インターネットで検索すれば絞り込みも可能だ。あるいは，特定業種が要件だとすれば，その業種に入る企業をピックアップすればよい。特定技術を保有している企業を探したければ，そのキーワードで検索して，ヒットした企業をひたすらピックアップするという手もある。特定エリアに販路を持つ企業を探したければ，特定エリアにおける企業リストを見ながら，目ぼしい企業をリストに加えていく方法もあるだろう。

一方，**要件の客観性が低い場合は，それに合致した企業を見つけてくるのが難しくなる。**よくあるのが，「XX領域に強い企業」や，「XXに強みのある企業」という表現だ。この場合，何をもって"強い"のか判断がつかないので，具体的な探し方も定まらない。そういった場合は，「XXセグメントの売上が10億円以上」とか，「XXランキングで上位100以内」とか，具体的な基準に言い換えるしかない。なるべく，客観的に判断できる基準に言い換えられれば，それに合致する企業を探すことができる。ただし，いったん加工が必要という意

味ではひと手間かかるので，なるべく要件設定時点で客観的な基準になってい
たほうがよいだろう。

2　リストづくりで完璧主義はNG

　ロングリスト作成において，「これで漏れなくリスト化できたのか不安だ」
という声がよく聞かれるが，そういう完璧主義な考えは捨てたほうがよい。よ
ほど狭い領域でもない限り，世の中で要件に合致する企業をすべてピックアッ
プすることは現実的に不可能だ。**そもそも，漏れなくリスト化しようとするこ
と自体，リスト化が目的となってしまっている。**このリスト作成においてやり
たいことは，自社が買収すべき企業を見つけ出すことであって，対象となる企
業をすべてリストに並べることではないはずだ。リスト作成自体，終わりはな
いものとして考え，見つかったものは都度ロングリストに放り込んでおくぐら
いの感覚がよい。

　とはいえ，ピックアップする数の目安としては，よほどニッチな業界でもな
い限りは，少なすぎてもいけない。私の経験則だが，100〜200社程度はロング
リスト時点でピックアップできると，その後，ショートリスト，コンタクトリ
ストへ絞り込みをしても，最終的に好ましい企業が数社は残る可能性が高い。
リストづくりに苦労されている方は，「せめて100社」という目標を持って，取
り組んでみるとよいだろう。そして，この100社に対して，他に候補が見つか
れば適宜追加していけばよい。

　また，「せめて100社」と言っても，やみくもにかき集めて100社並べるだけ
では不十分だ。ポイントとなるのが，どのような検索ワードで，どのソースか
ら，それら企業をピックアップしたか記録しておくことである。組織において，
ロングリスト作成の担当者が永続的に同一人物ということはあり得ないだろう。
いつかは担当が変わり，後任に引き継がれる。このとき記録が残っていれば，
後任はどこのソースに当たってリストを見直せばいいか，あるいは，まだ当
たっていないソースがどこかわかるのだ。

【図表6－Ⅳ－1】リストアップは目的ではない

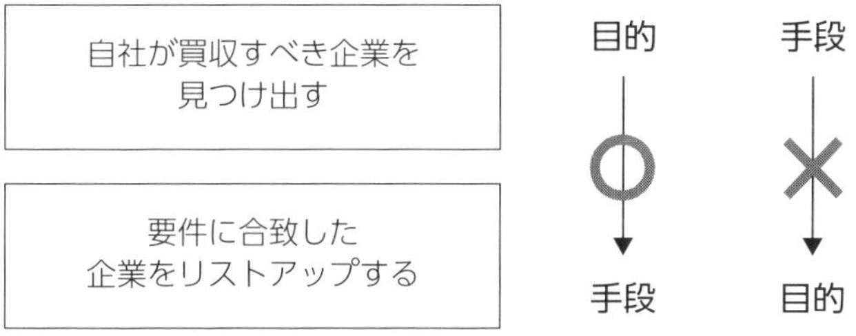

自社が買収すべき企業を
見つけ出す

要件に合致した
企業をリストアップする

目的　　　　手段

○　　　　×

手段　　　　目的

3　リストのアップデートを仕組み化する

　リスト作成は，一度やって終わりにしてはいけない。設定した要件次第だが，**要件に合致する企業の顔ぶれも，時間が経てば変わってくる可能性があるから**だ。私の知っている企業の中で，最多の更新頻度は「毎週」だ。毎週，特定の曜日に，リストを見直して更新している。その中で，リストから落ちる企業もあれば，加わる企業もある。要は，新陳代謝が毎週行われているのだ。そこまで頻度高く更新する理由を担当者に聞いてみたところ，「常にフレッシュな情報を仕入れておきたい」とのことだった。また，「チームでリストを見直すことで，自社の戦略や買収目的を再確認することにもつながる」という狙いもあるようだ。

　これはあくまで1つの例として捉えていただき，実際はそこまで頻度が高くなくてもよいだろう。では，最適な更新頻度はどれぐらいか？　自社のM&A推進の力の入れ具合，リソースの掛け具合にもよるが，私の感覚ベースだと，せめて四半期に1回は見直すことを推奨したい。そして，見直すプロセス自体も，組織の中に組み込んでおいたほうが良い。一度リストを作成して終わりにしてしまうと，担当者の経験は蓄積されても，組織の経験は残らないからだ。先の例のとおり，リストづくりをとおして要件の見直し，ひいては買収目的や買収スタンスを見つめ直す機会にもなるので，リストのアップデートは定期的

に組織的に行うのがよい。

4　リストづくりで他力を使うのも一案

　要件に合致した企業をピックアップするという点に関して，気づいた方もいるかもしれないが，このピックアップ作業をM&A仲介会社に依頼してしまうことも1つの手だ。M&A仲介会社から，「こういう企業に興味はありませんか？」と打診されて買収に至るのが，「持ち込まれ型」。前章でも書いたとおり，持ち込まれ型だと，なかなかその後の検討につながる目ぼしい企業が多くはないのが実態だ。それに対して，**こちらから要件を伝えてそれに合致した企業を見つけてきてもらうのが，いわば，「持ち込ませ型」**。あくまで能動的に自分たちの求める企業を持ってきてもらうというのは，ただ持ち込まれるのを待つよりも，よっぽど"打率"が良くなる。

　また，仲介会社としても，自分たちで考えて目ぼしい企業を探すよりも，きちんとヒアリングしたうえでなるべく要望に合う企業を紹介したいはずだ。であれば，対象企業に求める要件をしっかり伝えるという行為は，仲介会社にとっても利があるということである。中には，「自社の戦略に関わることだから，要件なんて細かく伝えられない」という人もいるが，要件を聞くだけで真似されてしまいかねない戦略ならば，それはもはや戦略ではない。戦略とは，もっと経営の意思があり，自社しか実行できない計画のはずである。

　なお，「仲介会社に依頼すると営業がしつこくなりそう」，「中立な目でピックアップしてくれるか疑問」と思う方は，コンサル会社に依頼するのも一案だ。仲介会社は成約に係る成功報酬を求めるのに対して，コンサル会社は基本的に工数ベースで計算された報酬を求める。そういった動機の違いから，コンサルの考え方や検討方法のほうが，傾向として中立性がある。コンサル会社は，成約数ではなく成果物の質にこだわるので，出てくるリストは純粋に要件に合致したと考えられる企業である可能性が高いのだ。

【本節の押さえるべきポイント】

●要件は客観的であるほど使いやすいが，そうではない場合は「言い換えるための加工」が必要になる
●リストづくりの目的は，自社が買収すべき企業を見つけ出すことであって，リストづくり自体は目的ではない
●組織に経験を残すためにも，四半期に1回はリストを見直し，アップデートをするべき
●要件が定まったら，仲介会社あるいはコンサル会社に依頼してリスト作成してもらうのも一案

ショートリスト・コンタクトリストに絞り込む

　ロングリストを作成できたら，次は，ショートリスト・コンタクトリストに絞り込んでいく。なお，本書では，「ショートリスト」や「コンタクトリスト」という言葉を使っているが，企業によっても位置づけは異なるので，しっかりと意味を定義したうえで使い分けていただきたい。社内で定義の認識が合えば共通言語ができて，リストに関して議論もしやすくなるだろう。

1　ロングリスト・ショートリスト・コンタクトリスト

　既述のように，要件に合致した企業をひととおりリストアップしたものを「ロングリスト」という。そして，そこから何らかの条件で絞り込んだものを「ショートリスト」という。そして，さらに絞り込んで，実際に口説くアプローチをかける候補先にしたものを「コンタクトリスト」という。ここまでは，すでに述べたところだが，どうしてこれら3つのリストを使い分けるのか。それはそれぞれのリストの意味が違うからだ。

　ロングリストは，要件に合致した企業の母集団である。つまり，対象企業はここから探すというものである。そのため，なるべく多いほうがよい。要件に合致さえしていれば，まずはロングリストに放り込んでおこう。前節で述べたとおり，少なくとも100社以上が目安だ。

　そして，ロングリストから「魅力度」で絞り込んだのがショートリストだ。要件と条件の違いを説明したが，要件とは言わないまでも，条件には挙がっていたような内容で絞り込むのがポイントである。「XXエリアに販路を持つ」という要件があったとしても，できれば「X国」での実績があるほうが魅力的かもしれない。また，同じ要件が充足できていたとしても，自社とのシナジーがより見込める企業のほうが魅力的かもしれない。そういった観点で，ロングリ

ストに掲載されている企業からより魅力的な企業を絞り込んでいく。「戦略適合性」，「リソース・ケイパビリティ」，「事業シナジー」，「収益性」を観点として，魅力度を測っていくことが多い。

　最後に，ショートリストから「実現性」で絞り込んだのがコンタクトリストだ。いくら魅力がある企業だったしても，それが買収できなければ意味がない。実際に買収できそうかどうか，外部情報を駆使して検証して絞り込んでいく。例えば，トップが若くて元気な経営者よりも，シニアで後継者に困っている企業のほうが買収しやすい。また，自社の企業風土と近しい企業のほうが，売ってくれやすいかもしれない。「買収価格」，「株主の意向」，「企業文化」，「法規制」を観点として，実現性を測っていくことが多い。ここで重要なのは，最後に実現性をみるということ。理由は以前にも触れたが，実現性は，魅力度よりも時と場合によって変わりやすいからだ。

　また，コンタクトリストに絞り込む段階で，もし，幸いにも対象企業に関する情報が豊富に手に入るならば，第３章と第４章で触れた「Ｍ＆Ａ難易度」を考慮してもよい。現実的には難しいことが多いが，それができればコンタクトリストに残った対象企業は魅力度も高く，成約に係る実現性も高く，シナジー創出に係る実現性も高いということになる。ただし，ロングリスト作成段階で「Ｍ＆Ａ難易度」を考慮してしまうとロングリスト作成に膨大な時間がかかってしまうので，おすすめはしない。

2　件数のボリューム感目安

　ロングリストは100〜200社程度と言ったが，魅力度で絞ってショートリストは10社ぐらい，実現性で絞ってコンタクトリストは３社ぐらいが目安だ。あくまで目安ではあるが，どれぐらいの企業数をリスト化すればよいか迷っている方は参考にしていただきたい。

　「魅力がある企業が多いから」といっても，ショートリストにあまり多く残しても実現性を評価する工数が膨大になってしまうので，ロングリストから魅

力的な企業トップ10を選ぶようなイメージでいたほうが賢明なのだ。仮に，それらベスト10となる企業の実現性を検証していずれも買収が難しそうだということであれば，ロングリストから次のベスト10を選べばよい。そして，その10社に対して実現性を検証すればよい。常に上位の10社を選んで実現性を評価していくイメージだ。

　また，コンタクトリストとして１社だけに絞り込まないのは理由がある。１社に絞り込んでしまうと，他に比較対象がなくなってしまうからだ。前章でも述べたが，言ってしまえばM&Aも，単なる投資案件に違いない。であるならば，横比較する相手が必要であり，あえて，３社程度残しておくのが良い。コンタクトリストに１社しか残らず，そのまま買収提案をして，幸い相手もそれなりの反応を見せて基本合意書締結，デューデリジェンスと順調に進んだならば，「買うことが前提」で話が進んでしまいかねない。要は，その企業に惚れ込んでしまうのだ。その点，コンタクトリストに３社ほど残っていれば，いざ１社がデューデリジェンスに移った段階でも，何かしら疑義が生じたときには「他にも候補はある」と思えて，引き返すこともしやすくなる。**コンタクトリストに３社ほど残すというのは，実は人間の心理を踏まえた工夫なのだ。**M&Aに限らず，投資案件に惚れ込むのは危険である。常に冷静に比較されたい。

【図表６－Ｖ－１】リスト絞り込みのイメージ

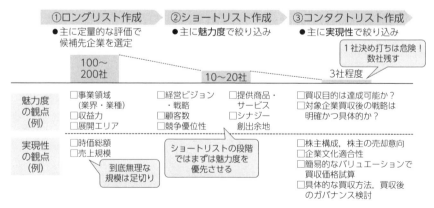

3　やはり完璧主義はNG

　前項と重複するが，リストづくりにおいて完璧主義になることはやはり避けたほうがよい。リストづくり自体は"仕事をやっている感"があるので，リストが完成したら達成感があることは否定しない。そして，ピックアップ作業や絞り込み作業には，相当な時間がかかる。調査も必要だし，分析もそれなりにしなければならない。やろうと思えば，いくらでも時間はかけられてしまう。なので，なるべく良いものを作ろうとする気概も認めたうえで言いたいのが，「リストづくりはほどほどに」である。沼にハマってしまわないよう気をつけたい。

　いくら，きれいなリストを作ったところで，買収できなければ意味がないのだ。だったら，リストづくりに過剰な時間をかけるよりも，ロングリスト→ショートリスト→コンタクトリストの作成はさっさと終わらせてしまって，コンタクトリストに残った企業に対していかに魅力的な買収提案をするかに時間と頭を使ったほうが良い。このコンタクトリストに残っている企業であれば，求める要件にも合致し，魅力度も高く，実現性も高いのだから，１社でも買収提案に乗ってくれれば，大成功ではないか。100点満点の対象企業なんているわけがないのだから，自分で決めた軸で判断して残った企業ならば，それが運命だと思うほうが健全だと私は思っている。

　そして，リストづくりに完璧を求めるぐらいならば，やはりリストのアップグレードの仕組みづくりに力を注いだほうが良い。ロングリストのアップデートについては前にも触れたが，ショートリストやコンタクトリストも同様だ。ロングリストがアップデートされれば，当然，ショートリストもアップデートされ得る。特にコンタクトリストに関しては，入れ替わりも激しくなりがちだ。例えば，悲しいかな，対象企業の経営状況が悪いほど買収しやすいのは事実だが，対象企業の経営状況は，いつ何時，悪化するかわからない。であれば，ショートリストに挙がっている企業群を見て，実現性に変化がないかモニター

しておくのが賢明だ。

【本節の押さえるべきポイント】

●ロングリストから魅力度ベスト10を選べばショートリストになる

●コンタクトリストは3社程度残すこと。それは1社に惚れ込まない心理
　的な工夫でもある

●リスト作成に過剰な工数をかけるぐらいならば，買収提案やリストアッ
　プデートの仕組み化に時間を使うべし

プラスαのM&Aミニレクチャー：
そして，買収提案へ

　本章では，口説き型M&Aのプロセスについて説明してきた。本書のテーマは，「企業買収先選定」であるため，戦略の方向性の検討からコンタクトリスト作成までの内容を解説したものだが，候補企業が決まった後はどうすればいいのか？　という疑問を抱く方もいるかもしれない。そこで，口説き型プロセスにおけるコンタクトリスト作成後の流れについても，触れておきたい。

　コンタクトリスト作成までは，買い手側が勝手に買いたい，あるいは買えそうな企業をリストアップしたにすぎない。単純なケースとして，対象企業がオーナー企業だとした場合，買い手側がいくらその企業を買いたいと考えたとしても，当該オーナーが自社を売る気があるのかは別の話だ。そして，そのオーナーがどのような人物で，どのような性格の持ち主なのか，今後会社をどうしていく気なのかは，よほど親密な接点がない限りはわからないだろう。そのような状況下で，買収提案をするにはどう考えればよいのか。

　「口説き型」というからには，口説き方を考えてアプローチするのが正攻法だ。口説くアプローチには，大きく3つのパターンがある。よく考えれば，3パターンともに当たり前な内容ではあるが，買収提案にあたってアプローチ方法をしっかり考えている企業がどれほどあるかというと，そう多くはない。知っていれば，買収提案の内容を考える時にすぐに活かせる要素もあるため，ぜひ参考にしていただきたい。

　1つ目が，ビジョン型アプローチ。自社と一緒になることで魅力的な将来の姿が描けることを伝えて，相手をワクワクさせるというものである。夢物語かもしれないが，心がワクワクするような中長期的なビジョンを掲げて，それに賛同を得られることを目指す。これから企業を飛躍的に成長させていきたいと思っているような若手のオーナーであれば，こういった話に乗ってくれることもあるだろう。逆に，そろそろ引退を考えているオーナーにこのパターンで口

説いても刺さらないだろう。

　2つ目が，合理型アプローチ。自社と一緒になることで，具体的にこういったシナジーが創出できるはずで，利益の増加もこれぐらい見込めると左脳的に理解させるというものである。この場合は，定量的な分析が重要となり，想定できるシナジーが具体的であればあるほど良い。オーナーがどちらかというと分析が好きで，数値に強いタイプならば，こういったアプローチには耳を貸しやすいだろう。逆に，勢いありきでのし上がってきたような，数値に疎いオーナーにはフィットしない可能性が高い。

　3つ目が，ホラーストーリー型アプローチ。この先，貴社が業界内で生き残っていくには，自社と一緒になるしかないと訴えるというものである。"ホラー"とは，要は，怖がらせるという意味だが，考え方によっては，困っている企業に対して，買い手が救世主になる。業績が落ち込んでいて，この先の展望が描けていないような企業であれば，この買収提案話は朗報かもしれない。逆に，業績が右肩上がりで急成長企業のオーナーに対しては，危機感を訴求しても門前払いされるだけだろう。

　以上，3パターンを紹介したが，どのパターンが合うかどうかは，いずれも，オーナーの気質と対象企業の状況や外部環境によるため，個社ごとに考えていくしかない。あらゆる情報から，現状を分析する。例えば，調査会社を使ってオーナーの意向等を把握することもある。あるいは取引先にヒアリングして，対象企業の身辺事情を調べることもある。現状分析結果から，どのパターンで口説くのが最も成功確率が高そうかを"読む"ことが重要だ。もちろん，3パターンは独立するものではなく，組み合わせの可能性もあるだろう。ただし，どのパターンに濃淡を置くかを決めておいたほうが，アプローチの姿勢がブレなくなるのでおすすめだ。

　そして，口説くパターンが決まったならば，どのような段取りで，どのような訴求メッセージで伝えるのかを考えることになる。相手によっては，しっかりとつくられた資料を基にプレゼンされたほうが響くかもしれないし，あるいは資料云々の前に，想いをひたすら伝えることが響くかもしれない。場所選び

も重要だ。買い手側の会社で行うのか，対象企業で行うのか，それとも，別の場所で行うのか。この場所指定も，コミュニケーションメッセージになる。それらもオーナーの性質を見極め，最適なアプローチを考える必要があるのだ。

　こういう話をすると，「そんな事前にいくら考えたって，M&Aは相手ありきなんだから，無駄でしょ」と言う人がいるかもしれない。もちろん，M&Aが相手ありきの部分があることは否定しないが，少しでも成功確率を上げたいならば，事前に準備できることはしておくべきだ。M&Aはあらゆる利害関係者を巻き込む手法であって，影響力が大きい手法でもある。**だからこそ，"狙った対象企業"は必ず口説きたいし，どうにか成功させたいという執念を持っているべきだ。**

　そして，一度のアプローチでダメだったからといって，諦める必要はない。一度は引き下がり，時機を見定め，再度アプローチをすることも重要だ。相手の状況や考えも，時間が経てば変わる可能性は高い。私が知っている限りでも，1年越し，2年越しのアプローチが成功し，買収できた事例もある。また，M&A巧者と呼ばれる会社は，同時期に複数の企業にアプローチしているケースも多い。刻一刻と状況変化があることを前提に，狙った企業をモニタリングしていくことも重要である。

【図表A】 3つの口説きパターン

ビジョン型	●相手に魅力的な夢を見せて期待を抱かせることが重要 ≫自社のリソースと，対象企業のリソースを組み合わせた場合に，はじめて目指すことができる10年後の将来像を語る　等
合理型	●相手に具体的なメリットを論理的に理解させることが重要 ≫対象企業が享受できるシナジー効果を具体的な数値で訴求する　等
ホラーストーリー型	●相手に現状の危機感と買われる必然性を感じさせることが重要 ≫業界で生き残るためには，自社と一緒になるしかないことを訴求する　等

第 7 章

選定プロセスの必要性

I　持ち込まれ型プロセスと仕掛け型プロセスの併用

　ここまで，持ち込まれ型プロセスと，口説き型プロセスをそれぞれ解説してきた。先述しているとおり，どちらが良い悪いというものではない。本節では，この2つの対象企業の選定プロセスを比較する。

1　成功確率と成約確率で，一長一短

　持ち込まれ型プロセスの場合，売りモノありきだ。日頃から，売り案件情報を収集し，ストックしておく。売り案件は，仲介会社や証券会社から持ち込まれることが多い。そのため，「持ち込まれ型」と呼ぶ。ストックにある企業のうち，自社とのシナジーがありそうであれば，要は戦略適合性があれば，検討の俎上に上がる。このプロセスの場合は対象企業ありきで，創出できるシナジーを考えることになる。対象企業に求める要件が決まっていて，それに合致した企業の話が持ち込まれている状態ならば，「持ち込まれ」ではなく「持ち込ませ」になる。どちらにせよ，売りモノありきなので，価格等の条件さえ折り合えば，売買成約に至るのが特徴だ。

　一方，口説き型プロセスは，戦略ありきだ。そもそもの会社としての戦略の方向性が設定されており，その方向に進むため，M&Aというオプションが必要なのか否かが検証されているのが望ましい。M&Aが必要ということであれば，対象企業に求める要件が定義され，その要件に合致した企業がリスト化される。リストは，ロングリストからショートリスト，コンタクトリストに絞り込まれ，最終的には3社程度の企業にアプローチをかけることになる。相手は売る気があるとは限らないので，口説く必要がある。そのため，「口説き型」と呼ぶ。相手が売る気があるかわからないものの，自社の戦略から導いた対象企業なので，シナジーの創出は成功しやすい。

　つまり，持ち込まれ型プロセスは，案件の成約という面では優位で，シナジー創出の成功という面では劣位となる。逆に，口説き型プロセスは，案件の成約という面では劣位で，シナジー創出の成功という面では優位となる。つまり，どちらのプロセスが良いというわけではないのだ。**それぞれ一長一短で，互いの弱みを補完しあうものだ。**であれば，企業としては，両方のプロセスを併用できるようになったほうが良い。持ち込まれ型で，案件情報は日頃から収集しておき，一方で口説き型として，戦略から導いた対象企業にはアプローチしてみる。そして，どちらの型でも，対象企業の要件定義はしておくのが賢明だ。

【図表7－Ⅰ－1】持ち込まれ型プロセスと口説き型プロセスの比較

	案件の成約確率	シナジー創出の成功確率
持ち込まれ型プロセス	高い	低い
口説き型プロセス	低い	高い

2　どちらの選定プロセスを先に構築するか？

　私が知る企業でも，持ち込まれ型プロセスと口説き型プロセスの2つの選定プロセスを意識的にかつ明示的に，社内で運用できているところは少ない。では，自社内でそれらを構築するには，どうしたらよいだろうか。1つの考え方としては，まずはやりやすいほうからプロセスをつくってしまうということだ。そういう意味では，黙っていても仲介会社等から営業され案件情報が持ち込まれるという点では，**まずは，持ち込まれ型プロセスを社内で標準化するのが手っ取り早い。**

　持ち込まれ型の検討だと，おそらく，はじめは紹介される案件ベースで「自社にとって買うべきか否か」を都度検討されている企業が多いと思うが，そこからプロセスをアップグレードしていこう。そもそも自社の戦略に沿って考えた場合，対象企業に求める要件というものは何か？　それを明確にすることが，第1ステップとして重要である。要件が明確であればあるほど，仲介会社の担当者も，対象企業候補を探しやすい。そして，箸にも棒にもかからない企業は紹介されにくくなる。

　また，ここでは要件は具体的であるほどよい。口説き型プロセスの説明のところでは，対象企業に求める要件は，あまりに具体的すぎて理想が高いものだと自分たちで要件に合致した企業を探すときに困るので，必須要件に絞るべきということを述べたが，持ち込まれ型プロセスの場合，要件に合致した企業を探すのは自社ではなく，仲介会社である。持ち込まれて紹介する段階では，仲介会社へのフィーは発生しないのが普通なので，対象企業候補探しは仲介会社に甘えてしまってもよいだろう。

　現に，私が仲介会社の担当者と意見交換をしたとき，みな口を揃えて，「もっと対象企業に求める条件を具体的に教えてほしい。そうすれば，完全一致ではなくても，近い企業を紹介できるかもしれない」と言っていた。また，要件に関わるヒントをヒアリングで引き出すことにも苦慮しているらしい。であれば，こちらから要件を細かく伝えることは，双方にとってメリットがあるのだ。

3　口説き型プロセスを再現性高く回すには？

　持ち込まれ型プロセスが標準化できて運用もできるようになったら，次は，口説き型プロセスの構築をすればよい。**持ち込まれ型プロセスにおいて対象企業の要件定義ができているならば，口説き型プロセスでもその要件は活用できる**。要件の活用に関しての，持ち込まれ型プロセスと口説き型プロセスの違いは，当該要件を使って誰が対象企業を探すかだ。すでに記載したとおり，持ち込まれ型プロセスならば仲介会社が探すし，口説き型プロセスならば，外注し

ない限りは基本的に自分たちで探すことになる。

　なお，過去の時代でこそ，インターネットのキーワード検索でひたむきに探すということも行ったが，今や，企業データベースはオンライン上に複数ある。有料のものでも，自社でゼロから探す工数を考慮すれば，決して高いものではない。あるいは，探す工程だけをコンサル会社や調査会社に外注することもできる。内製にこだわる必要はなく，使えるものは使って，効率よくロングリストを作成すればよい。

　また，ロングリストからショートリスト，コンタクトリストまで絞り込む際も，自社で行ってももちろんよいが，手間だと思うならコンサル会社や調査会社に任せてしまえばよい。「弊社にとっての魅力度と，買収実現性で絞り込んでほしい」といえばスコープも明確なので，コンサルタントとしては比較的ライトに取り組みやすい依頼内容だ。実際に，コンタクトリストに残った企業にアプローチをする際も，M&Aに精通したコンサルタントであれば，買収提案サポートも，相談に乗ってくれる。また，声がけを自社でやれない場合には，そこだけ仲介会社に依頼することも可能だ。自社でできない，やりにくい部分は，積極的に外部リソースを活用すればよい。

　すべてを自社内で完結させることが大事なのではない。大事なことは，でき上がったプロセスを再現性高く回せることだ。そのためには，適切な外部リソースをアサインしてしまえばよい。多少の費用はもちろんかかるが，買収価格や，その後ののれん減損の金額を想像すれば，大きいものではない。必要経費だと思って，割り切る覚悟も必要だと個人的には思う。

　このように2つのM&Aアプローチを構築して標準化できれば，それだけ様々なM&A案件とめぐり逢える可能性が高まる。もちろん，買収目的に合致していることは前提として，それらの中でも，買収後の難易度が高くない案件を選ぶこと。それが，M&Aを成功に導くための賢明な考え方だ。勝負する前に負けが決まっているようなM&Aには手を出さないこと。挑戦する価値があればよいが，同じ買収目的を達成できるならば，簡単なほうを選べばいい。それも1つの割り切りとして重要だと思うのだ。

【本節の押さえるべきポイント】

●持ち込まれ型プロセスと口説き型プロセスは，一長一短なので，併用すべし

●まずは，持ち込まれ型プロセスを構築し，その後，口説き型プロセスを構築すべし

●自社内で完結することが重要ではない。必要に応じて，外部リソースを活用しても再現性高く回すべし

選定プロセスの意義─説明責任

前節では，持ち込まれ型プロセスと口説き型プロセスの2つの選定プロセスについて説明したが，「そこまでしなくてもM&Aはできる。スピードが命だから，プロセスに沿ってウダウダやってられん」と言う方がいるかもしれない。そこで，対象企業の選定プロセスを自社内で持つべき意義について補足しておきたい。重要な意義の1つ目は説明責任である。

1　企業をとりまくステークホルダー

企業にはあらゆるステークホルダーがいる。株主や経営者はもちろん，従業員や仕入先，顧客，地域社会等もステークホルダーである。会社が行動を起こせば，それらステークホルダーには，正か負かは別として，何かしらの影響を与える。殊に，M&Aはなおさらだ。何度も言っているとおり，M&Aで万人が幸せになることはない。**摩擦と痛みを伴う経営手段なので，誰かしら，あるいは，ステークホルダーのいずれかには，負のしわ寄せがある**（M&Aに携わる者としては，それを最小化しなければならない）。

中でも，株主や経営者，従業員にとっては，その影響が大きいことは明らかだろう。急にファンドが株式保有割合を増やし，アクティビストとして，株主提案をしてくるかもしれない。それが，他の株主にとっては良いことかもしれないし，あるいは悪いことかもしれない。ある経営者にとっては，耳の痛いことかもしれないし，ある経営者にとっては，「言いにくいことをよく代弁してくれた」と思う場合もあるかもしれない。従業員の場合も同様に，当該提案内容は，自分たちのためになることなのか，そうではないのか，立場によっても，その評価は異なるだろう。ただ確実に言えることは，M&Aはステークホルダーに少なからずの影響を与えるということだ。

2　説明責任を果たす

　ゆえに，企業のステークホルダーは，当該企業が行うM&Aについて，"知りたい"と思うのが当然だ。このM&A案件は，どういう目的で検討されて，どういうデューデリジェンスやバリュエーションを経て，この金額で買うことになったのだろうか。この案件は，持ち込まれたのか，自分たちで探してきたのか（口説き型），あるいは，ビッド（入札案件）だったのか，相対だったのか。じっくり精査できる時間はあったのか，それとも，時間がなくてまだ不確実なことはあるのか。買収後は，狙っていたシナジーが生み出せそうなのか。買収前後で認識ギャップはあったのか……等。ステークホルダーとして考えれば，いくらでも気になることはある。

　その時に活躍するのが，対象企業の選定プロセスである。「当社は，こういうプロセスに則って，M&Aを検討し，推進している」ということが説明できれば，ステークホルダーとしても理解しやすい。仮に，株主総会で「どうしてX社を買収したのですか？」という質問が挙がれば，持ち込まれ型だろうと，口説き型だろうと，プロセスに沿って，検討の順を追って説明すればよい。

　持ち込まれ型であれば，「単体の魅力に関しては，財務安定性と競争優位性をこう評価しました。戦略適合性に関しては，自社の戦略とこういうシナジーがあると考えています。経済合理性に関しては，NPVがいくらで，回収期間はこれぐらいを想定しています。買収必然性に関しては，他投資オプションと比べても最良であり，アライアンスでは創出できないシナジーを目指しています。」という内容が論理的に説明されればよい。もちろん，本書で紹介したような，"単体の魅力"や"戦略適合性"といったワードを使わなくても，内容が担保されていればよい。

　また，口説き型であれば，「自社として戦略の方向性がこういうもので，こういった新規ドメインの参入を目指しています。それにあたって，必要となるリソースやケイパビリティはこういうものと把握しており，自力でそれらを確

保することが難しいと考え，他社買収というオプションを検討しました。一方，弊社の買収スタンスとしては，M&A経験が乏しいことから，売上規模がXX円以内の企業を対象とし，100％子会社化を想定しています。それら買収目的と買収スタンスから，対象企業に求める要件はこういうものを設定し，それに合致した企業を探索したところ，XXX数が候補に上がり，そこから魅力度と実現性で絞るとX数が残り，それらに買収提案をした結果，A社が最終候補になりました。」という内容になるだろう。当然，どこまで説明するかはケースバイケースだが，内容がなくて説明できないことと，説明しようと思えばできるがカットすることは，意味が違う。

　このように，「どうして，X社を買収したのですか？」という質問に対しては，持ち込まれ型でも口説き型でも，プロセスを使って順を追って説明すれば，筋が通る。話に筋さえ通っていれば，説明責任は果たせる。逆に，説明責任が果たせないような説明をしている企業は，そもそも投資はすべきではないだろう。説明責任が果たせないということは，目的もなく，狙っていた効果もないに等しい。特に，企業買収というリスクを伴う経営判断に関して，明確な根拠が示せないならば，それは経営の怠慢と言わざるを得ない。会社のお金を使って，ステークホルダーに理路整然と説明できないような無責任なことはしてはいけない。

3　M&Aガバナンスへ

　言うまでもなく，透明性が求められる上場会社ならばなおさらだ。とはいえ，上場会社でも，対象企業の選定プロセスがあるようでないような企業も多い。取締役会にかける稟議事項の1つとしてM&Aがあり，それに沿ったプロセスがあったとしても，それは手続論にしかすぎない。何をどう検討して，どういう判断をして，次のステップに進んだのか。具体的かつ重要な内容は，そこには入っていない。そのようなものは，選定プロセスとは言えない。形だけではなく，中身の伴ったプロセスが必要なのだ。

　上場基準として，各市場において，コーポレートガバナンス・コードのガバナンス水準が明示されているが，M&Aは重要な投資案件でもあるので，M&Aをどう進めているかについても，ガバナンスが必要である。特定の人物が，属人的にM&Aを検討して推進しているようでは，ガバナンスが効いているとはいえない。また，マネジメントが懇意にしている会社社長と，水面下の握手をもって，いつのまにか決まってしまったような買収案件も論外だ。しっかり，検討手順として規定され，必要なことが漏れなく検討できている状態を目指さなければならない。透明性と説明責任がより求められる上場企業であれば，必須である。

　また，ガバナンスというと，牽制することやルールを守らせるといった「守り」の意味に捉えられがちだが，反対に，「攻め」のガバナンスもあるはずだ。どうしてもM&Aに対して臆病になってしまっている企業に対しても，プロセスがあることでしっかり手順を踏んで検討することができる。それによって，M&A検討や推進を後押しするという意味でも使える。ガバナンスの大目的は，企業価値を上げること。切り口には「守り」と「攻め」がある。そして，「守り」と「攻め」，どちらにせよ，構築したM&Aプロセスを遵守するには，「参考」や「ガイドライン」で終わらせず，社内規定にまで落とし込むことも必要だ。

【図表7－Ⅱ－1】M&Aガバナンスの考え方

【本節の押さえるべきポイント】

●M&Aはあらゆるステークホルダーに影響を与える

●M&Aに関して，明確な根拠がないならば，それは経営の怠慢。説明責任を果たすには，プロセスが必要

●プロセスを構築し，それを遵守させることで，M&Aガバナンスが効く状態になる

選定プロセスの意義―組織知

前節では，説明責任という観点で対象企業の選定プロセスを自社内で持つ意義を説明したが，2つ目は，組織知の観点で，そもそもプロセス化する意義を説明する。プロセス化によってM&Aリテラシーは向上し，暗黙知が形式知となり，組織知となる。

1　M&A知見をためる場所として

M&A知見は貴重だ。M&A経験の多寡は会社によって違うものの，多くの会社では，M&Aはそこまで頻繁に行うものではない。ゆえに，経験は希少であり，知見化できるものはしておかないともったいない。**M&Aは，分析や論理といったハード面に加えて商習慣や文化，互いの相性といったソフト面も重要なので，すべての企業で使える汎用的なM&A知見というものは限られている**と，私は考えている。やはり，その企業ごとに癖はあり，その企業ごとに「傾向と対策」があるのが必然なのだ。

M&A知見があれば，M&Aが今後も増えていく世の中で，競争優位性を高めることができる。M&A知見がない会社であれば，M&Aという手段で戦略を考えることができないかもしれない。ある企業や事業を買収することで自社とのシナジーが創出できて飛躍的な成長ができる可能性があっても，手段としてM&Aが使えないならば，チャンスを見逃してしまっている。それは大企業に限らず，中小企業でも同様だ。中小企業同士のM&Aだって増えている。また，買う側だけではなく，買われる側もM&A知見を持っていれば，M&Aにただ翻弄されるのではなく，M&Aという機会を"活用"することができるかもしれない。

では，知見化はどうすればできるのか？　担当者が引き継ぎ資料として記録

を残してもいいし，デジタルツールに頼ってもいい。まずは記録を残すということが必要だ。**ここで記録の残し方としておすすめしたいのが，やはりプロセス化を駆使することだ。**プロセスが決まっているということは，標準化されて，再現性があるということである。プロセスがあれば，それに沿った振り返りができる。実際にM&A案件を進めてみてプロセスどおりできたのかどうか，できなかった場合はどうしてか。あるいは，プロセスどおりできてもうまくいかなかったことがあれば，その原因は何なのか，次はどうしたらよいのか。**プロセスをベースにすれば，経験を振り返ることができるのだ。**

　そもそも，プロセスに沿う意味は何か？　**「適切なプロセスに沿うことでアウトプットされるものは最高品質になる」**という，いわゆる「プロセス志向」に基づいている。そして，振り返りをすることで，プロセスを進化させることができる。今あるプロセスは使っていくことで改良余地が見つかるはずなので，どんどんアップグレードさせていけばよい。**M&A巧者と呼ばれる企業は，漏れなく，M&Aプロセスの精度を高める努力をしている。**M&Aで失敗する企業ほど，行き当たりばったりの進め方だ。「案件ごとに違うから」，「あの案件は特殊だから」と，なんだかんだ理由をつけて，振り返りをすることもなければ，M&Aプロセスを標準化しようともしない。

2　人知から組織知へ

　企業のM&A担当者と話していると，「私はM&A経験があります。だから，外部に頼らなくてもできます」と言う方によく出会う。それ自体は否定することではないし，コンサルタントに外注するより，すべて内製で問題なくできるなら，それに越したことはない。そのために，証券会社やコンサル会社から引き抜かれて，事業会社のM&A担当者のポジションで活躍している方も多くいるだろう。それに対して，私が質問していつも確かめることは，「それはあなたならできるかもしれないけれど，他にもできる人はいますか？」ということだ。そう聞くと大体の方から，「いやーそれがいないんですよ。だから，忙し

くて」という反応が返ってくる。

　少しきつい言い方をすれば，それは組織人としては半人前ではないか。自分自身ができること，できるようになることは素晴らしいことだ。だが，自分だけができるようになってそれでおしまいならば，組織が進化することはないだろう。仮に，担当者が会社を辞めてしまったらどうなるのか。その人がいなければM&Aが検討できなくなるのか。そんなおかしい話はあってはならない。**自分ができることは，他の人でもできるように，標準化し伝承すること。それが組織人としての務めだと私は思う。**M&Aに限らず，どのような仕事でも後任を意識して，自分ができることは標準化して，次へバトンタッチする意識と努力が必要だろう。

　そういう場合でも活躍するのがプロセス化だ。自身の持っている知見をすべてプロセスに反映させること。なるべく，当該プロセスを使えば，自分以外の人間でも検討を進められるようにすること。**持っているM&A知見をすべてプロセスに落とし込み，一元化してしまうのだ。**もちろん，たしかにそういった知見化業務は直接的に収益を生むわけではないし，工数もかかって大変なことは認めるが，できる人がやらねば始まらない。最初から完璧なものをつくる必要はない，大枠の流れと留意点だけでもよいから，できるところから可視化すればよい。そして，経験を積むごとに，肉づけしていけばよい。

3　プロセス化の価値

　そういった自身の頭にあることを知見化して形に残すために，外部リソースを借りるという考え方もある。プロセスとして表現することは，コンサルタントが得意とする領域だ。プロセス化の価値は大きい。そんなことを言うと，「プロセスに沿って考えたって面白いものは出ないよ」と言う人が必ずいる。しかし，そういう方の"プロセス"は非常に視野が狭く，視座が低い。おそらく，プロセスを"手順"のように捉えているからだと思うが，プロセスはそういったものに限らない。何をどのような順序で考えればいいのか，という論点

の流れだって，プロセスの一種だ。**プロセス化ができれば，問題解決は必ずできると言っても過言ではない。**プロセス化ができているということは，どのように解を導出するかが設計できているということだからだ。

　そして，**私が断言したいのは，プロセス化できない事象は存在しないということだ。**M&Aを推進するなら，大きなプロセスとしてはM&A戦略があり，ディールがあり，PMIがある。そして，「対象企業の選定プロセス」がM&A戦略フェーズの一部であるように，各フェーズにはさらに細分化されたプロセスがある。また，戦略を策定するなら，まずは市場の観点で分析し，次に競合の観点，最後は自社の観点だ。これも正攻法の順序というものが決まっている。新規事業を策定することだって，組織変革することだって，従業員のモチベーションを上げる取組みだって，何でも論理的に考えれば，プロセス化ができるのだ。

　そういう意味では，我々コンサルタントは，いかに現状把握をして現状のプロセスを可視化するか，そして，いかに理想のプロセスを描出し，現状と理想のGapを特定できるかに力を割いていると言っても過言ではない。このGapを解消する取組みを課題とも呼ぶが，課題が特定できていれば，問題解決の大半が終わったようなものだ。課題がわかれば，人は何をすればいいか，自然と問題解決に思考が進む。**難題こそ，どのようなプロセスで考えれば答えが出そうかを設計すべきだ。**そして，その論理が正しそうであれば，愚直にそのプロセスに沿って考えること。そうすると，不思議なことに，最終的には難題が解けている。実は，それがコンサルティングの秘訣だったりするのだ。

【図表7－Ⅲ－1】M&A下手とM&A巧者の違い

- 次の一手を考えるばかりで過去のM&Aの反省をしない
- M&Aプロセスの標準化に意義を感じていない

M&A下手企業

- 過去のM&Aを振り返り「傾向と対策」を抽出する
- 標準化したM&Aプロセスを日々ブラッシュアップする

M&A巧者企業

【本節の押さえるべきポイント】

●プロセス化できれば，振り返りができるので，M＆A知見もためられる
●プロセス化できれば，特定人物にとどまった知見を，組織知にすることができる
●プロセス化できれば，どんな難題に対しても答えを出すことができる

あ と が き

　本書はM&A戦略の立案方法，特に企業買収先の選定方法について解説を試みたものだ。なぜ今，M&A戦略について本を書こうと思ったのか。その動機について述べたい。

　M&A件数は，年々増えている。M&Aがまるで魔法のツールかのように脚光を浴び，大企業に限らず，中小企業同士のM&Aも増えてきた。M&A件数が増えれば，同時にM&Aの失敗も増えていく。M&Aで不幸になる会社・人を増やさないために，必然性の乏しいM&Aは避けるべきである。言い換えれば，骨太な「M&A戦略」なきM&Aはやるべきではない。

　また，本書でのれんの減損をM&Aの失敗と捉えて分析結果を紹介したように，M&Aは大きなリターンをもたらす可能性がある一方で，大きなリスクでもある。今後，確実に，企業はステークホルダーに対して，実施したM&Aの説明責任を果たす必要性が増す。どのような経営戦略のもと，どのような目的でどのような効果を狙ったM&Aなのか。まさしく，それがM&A戦略である。

　一方で，"M&A戦略"という言葉は，なんだかとてもすごくカッコよく見えるし聞こえるが，その本質を正しく捉えている人は少ないように思う。本書の冒頭でも述べたとおり，M&Aは経営戦略の手段にすぎないので，"M&A戦略"とは，「M&Aの戦略」ではない。「M&Aを活用した経営戦略」である。新聞や経済ニュースといったメディアでも，その混同がまだ多いように思う。

　そこで，M&A戦略コンサルタントと自称し，それを生業とする以上，M&A戦略について，私なりに正しいと思える解説をすべきではないかと考えた。弊社，MAVIS PARTNERSのミッションは，「独自のコンサルティングと

知見発信を通して，世の中のM&Aリテラシーを向上させる」である。M&A
が正しく利活用されるように，"M&A戦略"の概念を整理する。それが，本
書の役割だ。

　最後に，私が，M&Aコンサルティングをクライアントに提供するうえで大
事にしている7か条を書いて終わりたい。私が経営するMAVIS PARTNERS
におけるコンサルティングポリシーでもある。

1　M&Aは戦略の手段にしかすぎない

　M&A戦略とは，「M&Aを活用した戦略」のこと。「M&Aの戦略」ではない。
「M&Aの戦術」はあっても，「M&Aの戦略」はない。M&Aは戦略の手段の1
つであり，経営戦略に包含されるもの。自力成長ではなく，他力活用に必然性
があるときに検討されるものであり，第1にM&Aを本当に行うべきかどうか
の判断が最も重要。M&Aは多角化や規模拡大の成長，新規事業組成，欲し
かった経営資源の獲得を時間をかけずに一気にできる魅力的な手法である一方
で，摩擦と痛みを伴う手段でもある。万人を幸せにできるM&Aは存在しない。
M&Aの重要性を理解し，覚悟を持って，それでも実行すべきなのかを真剣に
考える必要がある。当然，必然性のないM&Aはやるべきではない。

2　M&A戦略コンサルタントは，M&A戦略の実現にコミットすべき

　我々の定義では，M&A戦略コンサルタントは，M&Aに精通した"戦略コ
ンサルタント"である。FA（ファイナンシャル・アドバイザー）でもなけれ
ば，M&A仲介会社でもない。あくまで企業のお困りごと，お悩みごとを具体
化し解決するコンサルタントである。とすれば，戦略コンサルタントが（本来
は）戦略の実現にコミットすべきように，M&A戦略コンサルタントはM&A
戦略の実現にコミットすべき。我々がM&A戦略コンサルタントである以上，
M&A戦略仮説の立案から，対象企業の選定，デューデリジェンス（買収監査）
における検証，バリュエーション（企業価値算定），プライシング（買収価格

検討），PMI以降のシナジー効果創出まで責任を持つ必要がある。

> ### 3　M&A仲介をやらないからこそM&A戦略コンサルタントは独立した存在
> でいられる

　M&Aは戦略の手段であり，1つの方法にしかすぎない。よって，M&Aにおいて目的の明確化が必須であり，M&A戦略立案・策定が最も重要と考える。コンサルタントが市場で登録された「売り案件」情報一覧を持ってしまうと，買い手と売り手を寄り合わせ，互いをおすすめし，M&Aを利用して儲けたいという動機が働き得る。自己利益が裏にある提言になるかもしれない。それはクライアントに対しての真の貢献ではない。不必要なM&Aに対しては毅然とNOと言えるように，成功報酬が発生するようなM&A仲介には手を出さない。M&A戦略コンサルタントと自称する以上，いくら収益的魅力があっても，仲介業・紹介業というマッチングビジネスに手を出してはいけない。

> ### 4　M&Aを扱うものとしてクライアントに耳の痛いことでも言う覚悟を持つ

　我々コンサルタントのM&Aに関する提言が，仮に経営者のためになったとしても，クライアント株主，従業員，取引先，その他ステークホルダーのためにならなかったら，それは良いのか否か。その点，我々コンサルタントは，誰のために考えるのか，誰のために課題提起するのか，考えれば考えるほど，疑問が生じることも多い。だからこそ，コンサルティングに臨む際は，誰がどう言おうと，これが最適だと確信を持てるよう，客観性を帯びた主観を備えておく必要がある。たとえ，我々コンサル側にメリットがない状況や，デメリットが見込める状況だとしても，既存概念を疑い，迎合せず，これが最良だと考えるものをクライアントに進言しなければならない。

> ### 5　M&Aの成功に，企業文化に対する深い理解は必須

　買収企業と被買収企業の企業文化の違いは是正するべきか，それとも「尊重」という名の下で違いは残すべきなのか。M&Aコンサルティングにとって，

企業文化は切っても切り離せない。そもそものM&A戦略として，何を目指していたかによって，その方針の答えと意味は変わるだろう。いずれにせよ，対象企業の企業文化に対する理解は必須であり，時としてクライアントの社史を紐解き，創立の時代背景や事業の歴史から，企業文化を同定する必要もある。今に至る企業文化の流れや変化を見極め，企業文化の相性の精査なくして，議論を進めることはリスクでしかない。企業固有の強みの背景には企業文化がある。それを理解せず，シナジー創出は叶わない。

6 　自分だったら買収したいのか・売却したいのか，強い主観を持つ

　あらゆるリサーチツール製品・技術が発達し，莫大な金額を投資しなくても，欲しい関連情報にアプローチしやすくなった今，コンサルタントのフレームワークや調査・分析方法が持て囃された時代は終わった。ベストプラクティスも同様。外部環境が目まぐるしく変わる中，文脈が違うので，他社の最新事例が自社に当てはまりにくい。その結果，フレームワークやケース事例を振りかざすような，他人事で客観的にモノを言うだけのコンサル，本を読めば知れるような陳腐なノウハウを販売するコンサルは必要なくなった。「自分だったら買います・売ります」という明確な"我"が必要。「あなただったらどう思う？」が求められるように。それがパートナーとして選定されるということ。

7 　M&A戦略コンサルタントにとどまらずM&A戦略パートナーでありたい

　我々は，クライアントにとって，"コンサルタント"よりも"パートナー"を志向している。M&Aの一連の手続，プロセスにおいて，問題が何ひとつなく進むことは稀であり，失敗に陥る場合もある。だからこそ，いつでもクライアントが難題に立ち向かうときに側にいられる存在でありたい。時には後ろから支え，時には肩を組んで歩み，時には腕をつかんで先に引っ張っていくような存在。優しさも厳しさもあり，側にいてくれたらありがたく，希望が見えて頼もしい存在。それが弊社の考える"パートナー"のイメージであり，我々が基本思想とする理想のコンサル像でもある。それは，弊社の社名の"MAVIS"

以下に"PARTNERS"を入れている理由でもある。

　関係各所のみなさまに感謝を申し上げます。

　私が大学を卒業してコンサル業界に入ってから，早いもので15年以上経ちました。これまで，戦略策定から実行支援，M&Aと様々なテーマのコンサルティングプロジェクトを，様々なコンサルティング会社で経験させていただきました。キツイな，大変だなと感じることもありましたが，幸いにも業界を去ろうと思ったことはなく，今でも私がコンサルティング業界でなんとか生き残れているのは，これまで一緒にお仕事をさせていただいたクライアントのみなさまや同僚のおかげだと思っています。

　クライアントとの議論で気づかされたこと，先輩コンサルタントに叱られて学んだこと，後輩コンサルタントに指摘されて反省したこと，うまく説明できなくて悔しくて寝ずに考えたこと。これまでの経験のすべてが自分を形成しています。本書で紹介したノウハウも，すべて私の経験が基になっています。試行錯誤して考えて，体系化してきたM&A戦略に関する知見です。これも私1人では生み出すことは決してできなかったもので，私と関わってくださったみなさまがいたからこそ生まれたものだと思っています。

　これまで，一緒にお仕事をさせていただいたみなさま，どうもありがとうございます。

　また，本書を執筆する機会をくださったにもかかわらず，私が牛歩な執筆スピードでも，忍耐強く信じて待ってくださっていた，中央経済社の石井直人さんには厚く御礼申し上げます。3年以上お待たせしてしまいすみません。おかげでじっくり書くことができました。

　わが息子の言，わが娘の乃令果が，社会人になったときでも読まれていますように。

2023年8月

田中大貴

索　引

英数

3C分析 ……………… 15, 20, 105, 138
Company ………………………… 18
Competitor …………………… 16
Customer ……………………… 15
Fit/Gap分析 ………………… 105
KPI ……………………… 83, 115
KSF ……………………… 18
M&A ………… 7, 8, 11, 121, 131
M&Aガバナンス ………………… 168
M&Aコンサルタント ………………… i
M&A戦略 ………………… 9, 39
M&A戦略フェーズ ………… 28, 40
M&Aプロセス ………… 28, 33, 35, 171
PMI ………………………… 9
PMIフェーズ ………………… 31, 36

あ行

アンゾフのマトリックス ……… 51, 135
異業種 ……………………… 51
異業種M&A ………………… 50, 61

か行

カーブアウト ………………… 74
海外M&A ……………………… 60
感度分析 ………………… 115, 116
カントリーリスク ………………… 79
企業文化 ………………… 7, 24
企業要件 ……………………… 98
既存事業とのシナジー ………… 109
既存事業の強化 ………………… 108

競争優位性 ……………………… 104
口説き型プロセス ………… 130, 160, 162
クロスボーダーM&A ………………… 49
経営課題 ……………………… 14
経営戦略 ……………………… 20
経済合理性 ………………… 100, 113
子会社ガバナンス ………… 40, 42, 45
国内M&A ……………………… 60
コンタクトリスト ……… 29, 133, 150, 151

さ行

財務安定性 ……………………… 104
財務基盤 ……………………… 103
事業デューデリジェンス ………………… 30
事業ポートフォリオ ………………… 110
収益獲得力 ……………………… 103
条件交渉 ……………………… 117
ショートリスト ………… 29, 133, 150, 151
スタンドアロンイシュー ………………… 75
ステークホルダー ………………… 165
戦略適合性 ………… 99, 101, 108

た行

単体の魅力 ………… 99, 101, 103, 106
ディール ……………………… 9
ディールフェーズ ………………… 30
同業種M&A ………………… 49, 61
飛び地 ……………………… 63, 78
飛び地（新たな事業の柱） ………… 52

な行

のれん ……………………… 54

182

のれんの減損 ················ 54, 56

は行

買収スタンス ·················· 142
買収必然性 ············· 89, 100, 119
買収目的 ··················· 39, 141
バリュー ······················ 22
バリュエーション ······· 30, 113, 116, 124
ビジネスモデル ·················· 51
ビジョン ······················ 12
プライシング ···················· 30
プレデューデリジェンス ············· 29

ま行

マイノリティ出資 ··············· 64, 73
マジョリティ出資 ················· 64
ミッション ···················· 12
持ち込ませ型 ·················· 148
持ち込まれ型プロセス ·········· 160, 161

や行

要件 ······················ 140, 141

ら行

ロングリスト ············ 29, 132, 145, 150

【著者紹介】

田中　大貴（たなか・だいき）

MAVIS PARTNERS株式会社（メイビスパートナーズ）　代表取締役
早稲田大学商学部卒。
マッキンゼー・アンド・カンパニー，ジェネックスパートナーズ，マーバルパートナーズ（現PwCアドバイザリーのDeals Strategy部門），ベイカレント・コンサルティングのM&A Strategy部門長を経て現職。グロービス経営大学院にてファイナンス講師も務める。

本書の内容に関してご質問等あれば，下記までお問い合わせください。
MAVIS PARTNERS株式会社　https://mavispartners.co.jp/
お問い合わせ先：info@mavispartners.co.jp

また，弊社が運営している「一般社団法人ポストM&A研究会」への入会受付もしております。ご希望の方は，下記サイトをご覧ください。
一般社団法人ポストM&A研究会　https://pmal.or.jp/

M&Aを失敗させない
企業買収先「選定」の実務

2023年9月15日　第1版第1刷発行

著　者	田	中	大	貴
発行者	山	本		継

発行所　㈱中央経済社
発売元　㈱中央経済グループ
　　　　パ ブ リ ッ シ ン グ

〒101-0051　東京都千代田区神田神保町1-35
電話　03 (3293) 3371(編集代表)
　　　03 (3293) 3381(営業代表)
https://www.chuokeizai.co.jp
印刷／三英グラフィック・アーツ㈱
製本／侑 井 上 製 本 所

© 2023
Printed in Japan

＊頁の「欠落」や「順序違い」などがありましたらお取り替えいたしますので発売元までご送付ください。（送料小社負担）
ISBN978-4-502-47161-2　C3032

JCOPY〈出版者著作権管理機構委託出版物〉本書を無断で複写複製（コピー）することは，著作権法上の例外を除き，禁じられています。本書をコピーされる場合は事前に出版者著作権管理機構（JCOPY）の許諾を受けてください。
　JCOPY〈https://www.jcopy.or.jp　eメール：info@jcopy.or.jp〉

会社法施行規則・会社計算規則を完全収録！

「会社法」法令集 第十四版

中央経済社 編　A5判・744頁　定価3,740円(税込)

- ◉重要条文ミニ解説
- ◉会社法－省令対応表 ｜ 付き
- ◉改正箇所表示

令和4年9月1日までの法令改正を反映した最新版。令和
元年改正会社法の改正箇所を施行日ごとに色分け表記し、
条文理解を助ける「ミニ解説」を加筆。実務必携の一冊！

本書の特徴

◆会社法関連法規を完全収録
☞ 本書は、平成17年7月に公布された「会社法」から同18年2月に公布された3本の法務
省令等、会社法に関連するすべての重要な法令を完全収録したものです。

◆改正箇所が一目瞭然！
☞ 令和元年改正会社法の2つの施行日(令和3年3月1日、同4年9月1日)ごとに改正箇所を明示。
どの条文がどう変わったか、追加や削除された条文は何かなどが一目でわかります！

◆好評の「ミニ解説」さらに充実！
☞ 令和4年9月1日施行の改正箇所を中心に、重要条文のポイントを簡潔にまとめた「ミニ
解説」の加筆・見直しを行いました。改正が実務にどう反映されるかがわかります！

◆引用条文の見出しを表示
☞ 会社法条文中、引用されている条文番号の下に、その条文の見出し(ない場合は適宜工
夫)を色刷りで明記しました。条文の相互関係がすぐわかり、理解を助けます。

◆政省令探しは簡単！条文中に番号を明記
☞ 法律条文の該当箇所に、政省令(略称=目次参照)の条文番号を色刷りで表示しました。
意外に手間取る政省令探しもこれでラクラク。

中央経済社